U0614066

新时代普通高校武术课程思政价值内涵和实践路径研究

王 军 著

中国海洋大学出版社

·青岛·

图书在版编目（CIP）数据

新时代普通高校武术课程思政价值内涵和实践路径研
究/王军著. -- 青岛：中国海洋大学出版社，2024.
8. --ISBN 978-7-5670-3944-5

Ⅰ. G641

中国国家版本馆 CIP 数据核字第 20241NW691 号

XINSHIDAI PUTONG GAOXIAO WUSHU KECHENG SIZHENG
JIAZHI NEIHAN HE SHIJIAN LUJING YANJIU

出版发行	中国海洋大学出版社		
社　　址	青岛市香港东路 23 号	邮政编码	266071
网　　址	http：// pub. ouc. edu. cn		
出 版 人	刘文菁		
责任编辑	由元春	电　　话	15092283771
电子邮箱	502169838@qq. com		
印　　制	青岛中苑金融安全印刷有限公司		
版　　次	2024 年 8 月第 1 版		
印　　次	2024 年 8 月第 1 次印刷		
成品尺寸	170 mm×240 mm		
印　　张	7		
字　　数	130 千		
印　　数	1~1000		
定　　价	55. 00 元		

发现印装质量问题，请致电 0532-85662115，由印厂负责调换。

前　言

在几千年历史的发展中，中华民族形成了极其广博而又精深的文化，武术就是其中之一。武术最早诞生于原始先民的生产劳动，他们在生产过程中同自然界禽兽做斗争所积累的丰富经验，使得武术初具雏形。随着社会的演变及国家的出现，武术逐渐从谋生手段发展成军事作战手段，从属于军队训练。现代社会的武术则从军队训练中脱离出来，成为一种独具特色的运动项目，发挥着强身健体、自御防卫、表演娱乐等多重作用。在漫长的历史变迁过程中，中国武术作为一项内涵丰富、形式多样且具有独立体系和多种社会功能的运动项目，发展到今天，已在全球范围内得到了广泛的传播，并成为世界体育文化重要的组成部分。

教育的本质在于精神塑造、价值引领和思想培育，其目的是实现人的自由、全面和充分发展。武术传承与发展需要依托教育，系统科学的武术教育工作不仅能够促进武术文化在全国乃至全世界的传播，而且能够将武术的内在价值充分激发出来。中国武术作为中国传统文化的载体，有着得天独厚的课程思政优势。在高校思想政治教育大发展的今天，高校应当充分发挥武术教育以体育德的教育价值，与思政教育同向发力，形成全方位、全程、全员育人的格局，为培养有道德、有思想、有情怀、有担当的社会主义合格人才贡献力量。

武术作为中华优秀传统文化的具象化代表，其深厚的文化内涵和丰富的思政元素与课程思政的教育理念相得益彰。在高校武术课程教学中开展思政教育，不仅能够培养当代大学生崇武尚德的思想，更能够树立起他们的文化自信。因此，在高校的武术课程思政教育中，应深度挖掘其中的思政元素，精准融合武术课程教学的特点，在明确教学目标的情况下，运用多元化的教学方法，通过团队化的教师体系，实现立德树人的教育根本任务。为了进一步拓展武术的生存空间，发挥武术课程思政的积极作用，不少学者依托自身的实践经验对武术教育展开了研究，并撰写了相关研究著作，这本《新时代普通高校武术课程思政价值内涵和实践路径研究》正是其中之一。本书是一本研究新时代普通高校武术课程思政价值内涵和实践路径的著作，介绍了课程思政的研究背景、课程思政的研究综述、课程思政与高校体育课堂教学融合的要求、高校体育教学中武术课程的价值、武术与课程思政融合的可行性；概述了新时代普通高校武术课程的基本内容；对课程思政建设进行了研究；挖掘了新时代普通高校武术课程思政的价值内涵，分析了新时代普通高校武术课程思政的教学现状，提出了新时代普通高校武术课程思政的实践路径。

　　本书内容较为丰富，结构相对合理，为读者了解新时代普通高校武术课程思政价值内涵和实践路径提供了良好的资料借鉴。另外，本书在撰写过程中得到了众多学者的支持和鼓励，同时借鉴了有关专家、教研人员的研究成果，在此对其表示诚挚的感谢！由于作者水平有限，加之新时代普通高校武术研究的丰富性与复杂性，本书对新时代普通高校武术课程思政价值内涵和实践路径的研究难免存在疏漏和不足之处，诚望广大读者批评指正。

王军

2024 年 5 月

目　录

第一章 导 论

在教育领域，武术课程起到了传承和发扬传统文化的作用，同时也是育人的重要途径。伴随高校教师教育观念的巨大转变，武术课程也引发了新一轮关注和重视。新时期，为增强武术课程的育人成效，贴合当前的课程思政背景，高校需要及时确立武术课程思政建设的目标，相关教师也要做足准备，这具有重要的现实意义。

第一节 课程思政的研究背景

课程思政能够实现知识传授与价值引领相结合的目标，从思政理论课、综合素养课、专业课等多个层面同时发力，发挥不同种类课程在思政教育中的独特作用。但是，由于高等教育的跨学科性较强、学科间差异性较大，不同的课程对于思政教育内涵的承载能力也有所不同。关于如何差异化地赋予不同课程以德育内涵的问题，目前的论述尚不够充分，需要进行进一步的研究与精准界定。

课程思政的建设基础在课程，重心在思政教育，中心在院系，关键在教师，成效在学生。课程思政推行的前提是建立上下贯通、多元参与的运行机制，发挥院系的积极性，以建设一批有思政教育特色的专业课。在课程思政的推行过程中应注重打破学科壁垒，实现各学科与人的多向交流；同时也应注重多样化的教学方式，根据学生年龄和专业特点开展主题式教学、互动式教学与社会实践，以锻炼学生理论联系现实的能力。课程思政的平稳推行还有赖于细节全面、紧跟时代的教学指导和配套教材的编制，以保证课程思政的开展能够正规化、有序化。另外，教师的信念也决定了其是否能在课堂发挥率先垂范、为人师表的作用，等等。但是，如何才能形成较好的工作机制、如何才能把所有要素的积极性调动起来、如何优化课程思政的评价体系、如何不断提升对课程思政的认同度与践行效果等一系列问题，还有待进一步深入研究与破题。

在国际比较问题上，各个国家根据自己的社会文化、现实国情，提出了适合本国学校的、全方位的德育培养方案，强调从课堂、社会、家庭多角度出发，理论、实践相结合，促动学校培养出德才兼备、素质过硬的优秀人才。虽然不同国家的主流价值观念、政治模式等存在差异，但各国都支持学校开展思政教育，在方式上都采取了强调隐性教育的方式，这与我国目前正在践行的课程思政建设思路不谋而合。此外，国外不少学校开设学校配套课程、动员社会相关资源的方式，也值得我们进一步学习和探讨。

课程思政概念的提出，要求每门课程都融入核心价值观教育中。按照课程思政的理念，它是一个全面、完整的思想政治教育课程创新体系。在传统的高校体育教学中，教师有时会对学生进行一些思想政治教育，但实际效果并不理想，缺乏育人功能。在体育教学实践中，体育教学则更注重对体育专业知识的掌握、技能的学习和身体素质的提高，而对大学生思想政治教育的关注较少，许多体育教师认为思想政治教育不属于自己的教学范围。另外，许多体育教师的教学能力有限，不知道如何将思想政治教育与体育结合起来，使思想政治教育中的一些知识能够更好地渗透到体育教学中，在一定程度上阻碍了教学质量的提高。因此，在体育教学中贯彻落实立德树人、课程思政的总体目标，有利于提高高校体育教学改革的实效性。

体育教育作为人才培养的重要组成部分，对培养大学生的身心健康、创新精神和实践能力具有重要作用。学校体育是培养大学生良好道德素质和锻炼大学生意志品质的有效途径，对大学生的全面发展起着重要作用。因此，在高校人才培养体系中，体育是每个大学生的必修课程之一。体育教学渗透思想政治教育，不仅能起到积极的教育作用，更容易被学生接受。

第二节　课程思政的研究综述

一、课程思政与思政课程关系的研究现状

已有研究发现，国内关于"课程思政与思政课程关系"的研究主要聚焦于二者的同向、同行。王景云[①]、陈艳[②]指出，应从以下两个方面实现课程思

---

① 王景云. 论思政课程与课程思政的逻辑互构 [J]. 马克思主义与现实，2019（6）：186-197.

② 陈艳. 论高职院校思政课程与课程思政的交互融合 [J]. 思想理论教育导刊，2018（12）：110-112.

政与思政课程的逻辑互构：一是课程思政作为思政教育的外延，能够深化拓展思政课程；二是思政课程作为思政教育的显性教育元素，能够有效引领课程思政建设。课程思政与思政课程分别是进行思想政治教育的显性与隐性载体，二者相互促进，合力形成育人的协同效应。

王丽华①强调，必须认识清楚"课程思政是实现立德树人教育目标的战略举措"及"思政课程是一门具有完整且独立的课程体系和特殊的政治属性的课程"两个方面的问题，才有助于正确处理思政课程和课程思政的关系。郑佳然②主张，一方面通过课程和实践有机结合育人，提高思想政治教育的成效；另一方面运用中国特色社会主义核心价值观引领理想信念，并将它作为"大思政课"格局下课程思政与思政课程同心同向同行的出发点与着力点。

许硕③、石书臣④持相似观点，二者一致认为课程思政与思政课程在目标、功能以及要求等三个方面具有契合性，具体表现在课程思政在价值指向维度与思政课程具有一致性，在"实现方式"维度与思政课程具有差异性，在思想政治教育效力维度与思政课程具有协同性；而在课程属性、课程地位以及思政内容等方面则存在差异。

陈会方⑤从理论角度解释了课程思政与思政课程的建设应该遵循思想政治教育工作的规律以及学生身心成长的规律，从而促使课程思政与思政课程同向同行。邱仁富⑥、史巍⑦进一步指出，课程思政与思政课程始终保持同向同行的关键在于"二者相互补充与促进、协同发展与创新"以及"二者在育人目标、政治目标以及文化认同等方面一致"。同时，他们还进一步提出了解决课程思政与思政课程同向同行的两个关键路径：一是在各职业院校及高等院校全方位融入课程思政，促使思政教育覆盖全部课程；二是课程思政和思政课程应有效协调，独自承担自身的独特功能和育人功效。

综上所述，课程思政与思政课程的关系可以界定为教学体系与课程体系的关系，思政课程是有目的、有计划地系统传授思想政治教育的主阵地，在课程

① 王丽华. 高职院校思政课程与课程思政协同育人模式构建的逻辑理路探究［J］. 中国职业技术教育，2019（18）：71-75.

② 郑佳然. 新时代高校课程思政与思政课程同向同行探析［J］. 思想教育研究，2019（3）：94-97.

③ 许硕，葛舒阳. 思政课程与课程思政关系辨析［J］. 思想政治教育研究，2019，35（6）：84-87.

④ 石书臣. 正确把握课程思政与思政课程的关系［J］. 思想理论教育，2018（11）：57-61.

⑤ 陈会方，秦桂秀. 课程思政与思政课程同向同行的理论与实践［J］. 中国高等教育，2019（9）：53-55.

⑥ 邱仁富. 课程思政与思政课程同向同行的理论阐释［J］. 思想教育研究，2018（4）：109-113.

⑦ 史巍. 论以课程思政实现协同育人的关键点位及有效落实［J］. 学术论坛，2018，41（4）：168-173.

思政教学体系中发挥着思想引领的重要作用，而其他所有课程是课程思政教学体系中的有力支撑，最终有效实现了课程思政与思政课程的同向同行。

二、课程思政建设价值的研究现状

总体而言，课程思政的价值旨在能够全方位、全过程地体现教育的协同效应。石丽艳主张，课程思政的价值导向即"教师能够自觉担当立德树人的教育使命，树立三全育人的教育理念，充分挖掘思政课以外的其他类课程中的思想政治教育因子，发挥思政育人的育化功能"。梳理已有研究成果，笔者发现国内学者高德胜、何红娟、朱飞等人也都从横向维度对课程思政的价值视域进行了深入研究，程舒通、张海洋、欧平等人则从纵向维度对课程思政的价值导向进行了细化研究。从横向维度来看，高德胜主张"课程思政旨在贯彻落实立德树人的根本性任务，深入推进思政教育理念的变革"。[①] 从纵向维度来看，程舒通研究发现，教育价值、政治价值、思想价值、道德价值、文化价值等是课程思政的主要价值。[②] 张海洋[③]、欧平[④]持相似观点，主张课程思政既是坚持正确的办学方向的必然举措，也是实现三全育人的战略性策略，认为职业院校课程思政的价值取向在于以下四方面：一是激活职业院校思想政治教育的元素；二是助推职业院校实现交互性与内涵式发展；三是构建中国特色社会主义自信话语体系；四是提高高校思政教育的针对性与亲和力。

综上所述，课程思政的价值意蕴在于思想价值观教育与传统知识教育的互构与契合。同时，课程思政能够满足师生双边的内生发展，是促进学生知、情、意、行全面协调和可持续发展并进一步夯实教师职业道德的根本性要求。

三、高校课程思政研究述评

近几年来，高校不断推进课程思政的建设，也已取得了一系列突破性成果，同时也存在许多不足之处。

第一，研究主体的广度有待加强。当前研究成果主要集中在课程思政主体

---

① 高德胜，聂雨晴. 论马克思主义学院在课程思政改革中的实践价值 [J]. 思想政治教育研究，2020，36（1）：77—82.

② 程舒通. 职业教育中的课程思政：诉求、价值和途径 [J]. 中国职业技术教育，2019（5）：72—76.

③ 张海洋. 高职院校课程思政与协同育人的融合逻辑理路 [J]. 中国职业技术教育，2019（35）：63—67.

④ 欧平. 高职高专课程思政：价值意蕴、基本特征与生成路径 [J]. 中国高等教育，2019（20）：59—61.

结构的建设，经验总结和对策性研究较多，缺乏受教育者对课程思政认知方面的研究。课程思政的成效主要看思政元素在学生的日常生活和学习中的转化程度。当前，如何挖掘专业课中的思政元素，如何设计高质量课程的教学任务、教学内容以及教学活动的研究较多，这些都是从教师的角度出发，缺乏在课程思政背景下对学生的心理方面的研究。例如，学生对课程思政的认知、情感、动机等心理因素方面的探讨，以及对课程思政的认同感，是否影响其决策行为等方面的研究。针对以上不足之处，需要加强高校课程思政的理论研究。理论是以规律的方式解释世界，科学理论能够揭示真理。其一，需要从马克思主义经典文献和习近平新时代中国特色社会主义思想中挖掘理论支撑点，坚持将新时代思想政治理论教育与经典文献相统一。其二，需要根据目前高校课程思政实施的现状进行分析，进一步从课程思政育人目标的角度进行理论框架的构建，既要结合专业课程的独特性和一般规律，又要融入思想政治教育的特殊规律，将二者有机结合起来，形成相互支撑、内在统一的高校课程思政理论框架。

第二，研究内容的深度有待加深。虽然当前对课程思政的研究从数量上来看较为丰富，但是究其主要内容而言，许多研究缺乏对课程思政动态规律的把握。大部分研究偏理论，单纯从理论层面探究课程思政的建设，缺乏对课程思政发展要素之间关系的深入剖析，缺乏对"课程"和"思政"联系的探索以及课程思政如何在思想政治教育上发挥桥梁作用等方面的研究。学界对高校课程思政重复研究的现象明显，主要是对课程思政的定义界定、原则要求和特征等一般性和共性的理论探究，使得高校课程思政的研究步入模式化，缺乏独特性。针对以上不足之处，需要丰富高校课程思政的研究主题。高校课程思政教育工作做的是学生的工作，这就需要建立科学性和系统性的思想传播到思想接受的媒介。当前，互联网技术的普及使得我国意识形态风险日益加剧，丰富高校课程思政教育的主题对培养有信仰、有信念、有信心的优秀人才有着至关重要的作用。这就要求高校课程思政适应信息时代的新变化，探索新模式。我们可以采用案例与实践相结合的方法，调动学生们的能动性和积极性，运用"智慧课堂""AI 技术""云课堂"等一系列的方式丰富课堂主题，转变照抄照搬模式，摆脱空洞说教、模式化、刻板化教学，增加主题教育，增强对学生的吸引力和感染力，教授学生们爱听爱看、易产生共鸣的案例，带领学生以正确的价值观分析现实问题。

第三，研究方法的多样性有待拓展。大部分研究都偏向于思辨性探讨，主要是基于文献分析和问卷调查的方法探寻课程思政的实践路径。但是，课程思政实践路径的推进不仅要注重基础理论，更需要结合具体实际探究高校课程思政的有效做法。当前，研究的实证部分主要集中在具体高校和具体学科如何对课程思政的建设，但是社会发展的不同时期和不同背景给课程思政带来了许多不确定性，这些实证可能在一定时期、一定高校、一定学科受用，不具有普遍适用性。现阶段实证研究缺乏对课程思政的动态研究和比较研究，对课程思政的实施效果也缺乏专业的评价体系，难以评估课程思政的实效性。目前，课程思政仍处于初步探索阶段，缺乏对课程思政在教学改革过程中进行动态化的系统性和科学性的探索。针对以上不足之处，需要优化高校课程思政的研究方法。目前高校课程思政的研究方法主要是文献分析和实证研究，但是，随着社会的不断发展，课程思政成效也随之发生变化，要注重把握课程思政中思政元素的时、度、效，也就是传播思想政治元素的时机要准，不滞后也不超前，尺度得当，实效性强，这就需要优化高校课程思政的研究方法。新时代，面对学生的需求分化，需要采用访谈、问卷的方式搜集相关数据并运用 Matlab、Eviews 等数据分析软件进行数据统计，使课程思政的实效性得以量化。

第四，特色化体系建设研究不多。目前，学术界围绕高校推进课程思政进行的探索及研究较多，主要集中于对课程思政建设的理论建构、价值意蕴、课程思政与思政课程的关系以及课程思政的生成路径，但较少围绕不同高校的特点进行特色化课程思政体系建设。在课程思政研究过程中，如何重点结合学校特色化课程加强课程思政的开发，加强地方课程、校本课程与课程思政有机结合，是当前研究者和教师亟待解决的问题。

四、课程思政未来发展方向

（一）加强课程思政建设的理论研究

在课程思政化教学改革的过程中，应细化研究多学科交融的理论基础，尝试从不同视域、不同维度探寻课程思政建设的理论支撑。相关专家和学者应深入研究课程思政的理论框架，为未来全方位的研究提供强有力的理论支撑。

（二）推进课程思政研究的系统化

课程思政建设应从整体上进行设计与规划，建构日趋完备的课程思政教学体系，提升教师的课程思政意识与能力，促使课程思政改革在全课程中推进和实践。课程思政的系统化研究应成为未来课程思政化改革的重点内容。

（三）深化课程思政建设的纵向研究

课程思政改革应拓宽研究维度，深化对于自身教学内容、教学目标、教学体系等方面的纵向研究，深入挖掘其他类课程中的思政教育元素，促使课程教学与思政教育浑然天成、融为一体，全方位提高育人质量。

（四）加强课程思政特色化建设研究

专业教师与思政教师应加强合作，结合地方或学校特色，开发与思政知识相结合的校本课程，加强特色化课程思政的建设。我们应以学校特色为基础，结合不同类型课程的差别和特点，寻找专业课和思想政治教育的最佳契合点，具体问题具体分析，根据不同类型的课程特色因地制宜进行教学改革。[①]

（五）解决思政与专业有机融合的难题

教师应充分研究本课程的特点，挖掘思政与专业知识的有机契合点，明确知识中蕴含的思政要素的切入点，将专业内容与思政要素相结合，让学生在学习过程中感受到专业与思政内容相辅相成的乐趣。同时，通过结构建模、层级分析等方法，对影响课程思政的要素进行探讨，发现影响课程思政和专业融合的主要因子，并进行相关教学效果对比实验，从而确立有效教学模式。此外，还要尽快建立思政课程的课程评价体系，设计相关评价量表，从而为提高思政教育质量，进行客观评价，提供全面依据。

五、高校体育课程思政研究热点论域

（一）课程思政教育理念与体育课程的融合研究

课程思政教育理念是中国特色高等教育理论与实践的改革创新，也是落实三全育人方针、践行社会主义核心价值观的战略举措。推进该理念有机融入高校体育课程，贯穿高校体育教育教学全程，有其必要性、紧迫性和可行性。很多研究从二元融合视角出发，对课程思政理念与高校体育课程的融合性展开分析，重点回答了"为什么融合"的问题，从而推动了主题研究的逐步深化。

1. 何以为"融"：二者融合的必要性分析

体育作为五育并举的重要组成部分，可以树德、增智、育美、辅劳，在立德树人上有着其他课程无可比拟的优势和价值，本身蕴含着丰富的思政教育内容。可见，课程思政理念与体育课程之间存在着天然的内在联系，"以体立德树人"为"课程思政"理念融入高校体育课程提供了巨大的可能性。体育学

---

① 伍醒，顾建民. 课程思政理念的历史逻辑、制度诉求与行动路向［J］. 大学教育科学，2019，3（3）：54-60.

科本身蕴含着独特、丰富且充满正能量的德育资源和人文精神，如自强不息、顽强拼搏、团结合作、永不言败、爱国奉献、遵守规则、诚实守信等，体育课程的隐性思政教育优势由此可见一斑。可以说，体育课程的思政教育资源非常广泛、丰富，只要能与体育专业课程知识有内在联系的思政元素都可以。所以，课程思政理念与高校体育课程融合具有良好的先天优势，体育课程中的理论知识学习、运动技能训练、意志品质培育、健全人格塑造、社会化推进等方面与思政教育的目的和任务相一致，两者之间存在着高度的同向性和耦合性，因而两者融合具有必然性。换言之，体育课程是非常重要的思政教育载体，其在传播思政教育理念、实现思政教育目标、丰富思政教育内容等方面具有不可比拟的优越性。可见，推动高校体育课程的思政教育转向，促进二者走向融合，必要且紧迫。

2. 何以能"融"：二者融合的可行性分析

从根本上讲，体育课程本身所具有的个体与社会发展功能，有助于实现思政教育促进人与社会全面发展的根本目的和任务。高校体育课程教学过程不仅是运动技能习得、塑造健康体魄的过程，还是对大学生进行思想品德教育和人文精神培育的过程。高校体育课程中蕴含着多元思想政治教育元素，将其融入体育课程教学中是完全可行的。那么，从二者融合走向高校体育课程思政建设，不仅要考虑如何在高校体育课程中融入相关思政元素，寓价值引导于体育知识与技能传授中，实现体育知识技能传授与价值引领同频共振，也应注重挖掘与学生特点和思想现状相适应的体育课程思政元素，满足大学生全面发展的现实需求，还需把握课程思政理念与高校体育课程融合的内在逻辑联系，进一步明晰两者在内在逻辑互构上存在的关联性、协同性和融合性，从而在高校体育课程目标、内容及评价方面与思政教育理念、要求及标准达至深度融合与互嵌，并沿着体育课程目标引领、教学目标衔接、教学过程贯穿、课程评价落实的路径，将体育课程思政元素落实到具体实践中，持续提升高校体育课程思政教学效果和建设成效。

(二) 高校体育课程思政本体的研究

随着课程思政理念与高校体育课程的深度融合，研究聚焦点逐渐定位于高校体育课程思政建设本体。高校体育课程思政研究应从本体出发，围绕高校体育课程思政的内涵、依据、价值、路径等问题进行理论考察，重点回答了高校体育课程思政建设"是什么"的问题，为进一步深化主题研究奠定基础。

1. 本质内涵

高校体育课程思政是一种综合育人理念，也属于一种建立在体育专业技能与知识体系教育基础上的隐性思政教育，其特征在于寓德于体，融道于术，人文立课，本质是把思政教育元素有机嵌入高校体育课程与教学的目标、内容、结构、设计、评价等环节中，同时挖掘体育课程自身蕴含的思政元素。高校体育课程思政的内涵十分丰富：立德树人是本质，协同育人是理念，立体多元是结构，显隐结合是方法。高校体育课程思政建设是在高校体育课程与教学领域将思政教育贯穿于学校人才培养体系的理念、任务、方法和过程的总和，也是将课程思政理念贯通体育课程教学全程，实现知识与技能、过程与方法、情感态度与价值观的有效整合，其出发点和落脚点在于实现体育知识技能传授与课程思政理念的互嵌耦合、深度互融。可以说，高校体育课程思政建设既是基础工程，又是系统工程，更是战略工程。

2. 学理依据

高校体育课程思政建设有其理论基础和教育理念依托。一方面，教育性教学理论、项群训练理论、自我决定理论等符合高校体育课程思政建设的学理诉求，是指导高校体育课程思政建设的理论基础；另一方面，社会主义核心价值、立德树人、师范类专业认证、三全育人等教育理念为高校体育课程思政建设提供了理念支撑。然而，从根本上讲，高校体育课程思政是探究如何将马克思主义立场、观点和方法有效融入体育课程教学中的新理念和新视角，因此要在《高等学校课程思政建设指导纲要》等政策文件精神的引领下，始终坚持以马克思主义理论为价值导向和根本遵循，以实践论为出发点，以价值论为落脚点，以实现大学生的自由全面发展为宗旨，促进高校体育课程思政建设的平稳、有序推进。

3. 价值意蕴

高校体育课程思政建设是践行社会主义核心价值观的关键步骤，是助推高校实现体育德育价值迁移，促进大学生心智健康和全面发展的必由之径。

（1）时代价值。实施高校体育课程思政建设是对"培养什么人"根本问题和"立德树人"根本要求的有力应答，同时对于高校坚持正确办学方向、实现内涵式发展，深化教育强国与体育强国建设，培养堪当民族复兴重任的时代新人等具有十分重要的时代意义和战略价值。

（2）理论价值。高校体育课程思政建设既是完善高校体育育人价值和优化高校体育课程体系的人文需要，同时也将助力高校"三全育人"改革的进一步深化，更为促进高校体育课程教学发挥其德育、教育价值指明发展方向，提供理念指引。

（3）实践价值。高校体育课程思政建设不仅有助于提升体育专业人才培养质量和体育专业教师思政素养、弘扬与传承民族传统体育文化和中华体育精神，并且对于美化大学生心灵，锤炼大学生意志品质，塑造大学生健全人格，强化大学生行为规范与道德修养，培育大学生爱国情与强国志，引导大学生报国行，增进大学生生命的高度、宽度及厚度等都具有重要的促进作用。

4. 实践路径

在高校体育课程思政建设的具体实践中，应以"落实立德树人要求，实现以体铸魂育人"为目标指向，紧紧抓住体育教师队伍"主力军"、体育课程建设"主战场"、体育课堂教学"主渠道"，深入挖掘和精准萃取高校体育课程中蕴含的思政元素与育人因子，加强顶层设计，科学统筹，有序推进。

（1）实践主体方面。体育教师是高校体育课程思政建设的先行者、设计者和实施者，直接决定着课程思政理念能否与体育课程实现有机融合。因此，加强高校体育课程思政建设，关键是发挥体育教师的积极性、主动性和创造性。这就需要强化体育教师这支"主力军"，注重培育体育教师的思政素养，着力强化其严格自律意识及改革创新意识，重点提升其思想引领能力、思政建设能力、思政教学能力和思政育人能力，从而充分发挥体育教师的主导作用，促使其更好地践行以体立德树人职责。

（2）实践客体方面。高校体育课程思政建设的基础在课程，因此应以合理定位归正体育课程思政育人本位，增设体育课程思政育人目标，系统有序地设计体育课程思政内容，创新体育课程中的思想政治教育方法，建立体育课程思政实践平台和体育课程德育共同体，不断优化体育课程主战场，拓宽体育课堂主渠道，提升体育课堂教学效能与质量，强化体育课程思政育人成效评价。①

（3）保障机制方面。高校体育课程思政建设的顺利推进和健康发展，不仅需要学校领导的重视和政策支持，也需要强有力的制度保障条件作为支撑。这就需要构建制度群的多元保障与引导，主要包括建立体育课程与思政课程的常态交流机制及协同配合机制，构建以学生为中心的体育课程思政评价激励机制，完善多元主体参与的协同育人机制，构建"常规测评+专业考量"的体育课堂教学质量评估机制，建立体育课程思政建设管理与评价监督机制等。

（三）高校体育课程思政建设的行动研究

基于对高校体育课程思政及其建设的本原性问题探究，部分研究从"宏观—中观—微观"层级视角出发，对课程思政理念与高校体育课程融合创新

---

① 姜卫芬，刘文烁. 新时代推进体育课程思政改革的理论认知与实践路径［J］. 天津体育学院学报，2021，36（4）：435-441.

的实践路向及应用展开探索，重点回答了"怎么做"的问题，既促进研究由理论探讨向行动研究的理性转化，也助推新发展阶段高校体育课程思政的规范化、科学化、体系化建设。

1. 宏观思路

从宏观上说，部分研究就高校体育课程思政建设提出了一些发展思路。高校体育课程蕴含着爱国主义、拼搏进取、团结协作、遵规守信等精神元素与品质。就整个高校体育课程思政建设实践而言，应紧紧围绕"培养什么人、怎样培养人、为谁培养人"的根本问题展开，深挖、萃取与凝练体育课程蕴涵的思政元素并应用到体育课程思政建设实践中，这是一种课程思政建设整体诉求的强烈体现。在高校体育课程思政教学设计与实践中，可以基于"点→线→面"的分步实施来构筑高校体育课程思政建设框架体系，也可以从"教学设计—教学实践—教学反馈"三个层面构建高校体育课程思政建设的整体理论框架，还可以从"教学目标设计—内容体系开发—教学方法选择—教学管理实施—教学评价开展"五个维度对高校体育课程思政教学进行探究式设计与实施。这些都为高校体育课程思政整体性建设提供了宏观思路和有益参考。

2. 中观路向

从中观上说，部分研究就高校体育课程思政建设提出了一些践行方略。尽管高校体育课程富含思想政治教育资源，但具体到不同类别的体育理论或项目课程，其所蕴含的思政元素又各具差异性，无论是以团队类、体能类、技能类、民传类、对抗类、智力类等进行分类的体育运动项目课程，还是以体育教育、运动训练、社会体育指导与管理、民族传统体育、运动人体科学等专业为载体的体育专业理论课程，或者是种类繁多、内容丰富的公共体育课程。例如，耐力类体育项目课程中蕴含坚定信念、永不言弃、超越自我、坚忍不拔等思政元素，体育教育专业课程强调理想信念、教育素质、专业素养、个人发展等思政元素。而围绕"体育教育专业课程思政"主题所展开的一系列初步探索虽然不尽成熟，却仍在一定程度上为推动其他体育专业课程的思政建设提供了一个值得借鉴的中观路向。

3. 微观方案

从微观上说，部分研究就高校体育课程思政建设提出了一些操作方案。理论源于实践，又用以指导具体实践。基于相关课程思政元素的融入及运用，积极探索高校体育课程思政教学实践，是课程思政理念与高校体育课程融合发展的逻辑旨归。此类研究大体遵循"价值理念融入—体育课程思政元素凝聚—体育课程思政教学体系构建或具体方案设计—实践效果评价"的演进逻辑，高校体育课程思政建设的实施对象则包括公共体育课程、体育专业理论课程和体育专业技术课程三大类。其中，公共体育课程，如啦啦操、排球、篮球、龙舟、中华射艺等；体育专业理论课程，如学校体育学、运动心理学、社会体育导论、运动生理学、运动训练学等；体育专业技术课程，如体操、武术、羽毛球等。这些针对不同体育项目与理论课程所展开的思政教学设计及其实践经验，为推进高校体育课程思政系统化建设提供了可供参考的微观方案。

第三节　课程思政与高校体育课堂教学融合的要求

一、转变教学理念

在课程思政视域下，高校开展体育教学应紧密结合思想政治教育，转变传统教学理念和教学方式，凸显学生课堂主体地位，组织丰富多样的体育课堂教学活动，促使学生掌握体育与健康理论知识，并积极参与各项体育锻炼活动。以体育理论课教学为例，体育教师可以引入案例教学法和情境教学法，通过创设教学情境和分析案例的形式，引导学生从被动接收理论知识转化为主动探究和学习，促进学生深入思考。例如，体育教师可以选择中国女排在里约奥运会比赛的案例为学生创设与巴西队对战的教学情境，在此基础上提出问题：中国女排运动队员分为几类？再按照教师呈现的比赛视频讲述如何垫球，为学生提供独立思考的空间，随后进行叙述和总结。在实践教学时，体育教师可组织学生进行排球团队竞赛，指导学生扮演不同角色，讨论如何通过相互配合提高团队协作能力。

二、创新体育教学模式

课程思政的最终教育目标是实现立德树人，大学体育教学活动作为德育的重要途径，其教学质量直接影响大学生的思想品质和意志能力。在大学体育教学和课程思政相融合的背景下，为了提高大学生的身体素质，培养大学生较强的团队协作精神和奉献精神，有必要对体育教学的模式进行创新，提高体育教学的有效性，实现思政教育，培养大学生优良的道德品质。教师在开展体育教学活动时，首先应保证其自身具备较强的思想政治素养以及充足的思想理论知识储备，由此实现对体育教学模式的创新。教师可以将教学内容凝练在一起，构建与学生实际生活相贴近的教学体系，突出教学重点，强化问题意识；采取专题式的教学方法，加强对学生体育德育的培训效果，设置多元化的教学场景，提高教学规模的合理性和科学性，严格按照课时规定，在大班集体授课模式下，引导学生进行分组形式的自主锻炼，促进学生实践能力的提升；强化体育课程的针对性和亲和力，实现对体育教学模式的创新，将大学体育教学和课程思政有机结合在一起，使学生在体育学习中形成超越自我的奋斗精神和拼搏精神，敢于挑战，突破自我，肩负起时代赋予大学生人才的社会责任和历史使命。①

三、开展课程思政专题辅导

课程思政专题辅导，对实现大学体育教学与课程思政相融合有着重要的作用，通过课程思政专题辅导，能够加强大学体育教学与课程思政融合实践的有效性。打破理论形式教育的框架，组织和开展课程思政的专题辅导活动，将体育专家和学者邀请到专题辅导中来，引导学生对课程思政的内涵形成更深刻的认知和解读。在授课过程中，教师应将体育精神和思政教育内容结合在一起。同时，大力传递和弘扬真善美，将课程思政的精神组织和融入体育教学活动中，让学生对理论学习文件进行深入研究，借助信息技术手段和互联网等，可以在校园网上发布相关的学习内容，督促大学生加入学习活动中来，通过组织知识竞赛、专题辩论等活动，展示学生的学习成果。②

四、加强体育教师队伍建设

大学体育教学活动的水平在一定程度上取决于体育教师队伍的整体素养，为了将大学体育教学与课程思政有效融合在一起，有必要构建起一支强有力的体育教师队伍，强化体育教师队伍建设。通过定期讲座、培训的方式，加强对体育教师思想政治知识和素养的培训，提升体育教师的道德素养水平。结合不同的教学场景和体育课程的具体项目，对学生的学习特点和个性特点等进行分析，加强学生对思想理论知识的掌握，将思想政治教育的内容融入体育教学活动中，拓展教学创新的思路，扩大体育教学更广阔的发展空间。同时，提高体育教学的针对性，真正实现大学体育教学和课程思政的深度融合，培养出具有较强责任感和使命感的高素质大学生青年人才。

---

① 林静，唐亚琴. "以学生为中心"思政课程与课程思政协同育人路径探析——以"形势与政策"课为例［J］. 黑龙江教育（理论与实践），2019（11）：53-54.
② 卞晓雯，高丽燕. 教育信息化对高校思政教育影响分析及应对路径探讨［J］. 国际公关，2019（12）：322-323.

五、提供制度保障

学校领导层面的重视和支持，给予体育课程教学改革制度方面的保证。我们应深度探索课程思政与体育教学相融合的教学项目，深入挖掘体育教学中课程思政的切入点、体育文化自信的支撑点。例如，奥运精神和中国女排精神对大学生文化自信的影响、中国传统体育项目承载的爱国主义情怀、新时代中国体育文化自信与大学生四个自信的关系等方面。将大学生健康体质测试与大学生课外体育竞赛相结合，推动大学体育课程课内外一体化进程的广泛性与持续性；鼓励体育课程多渠道创新发展，尤其注重体育课程教学的灵活多样性、参与广泛性，在教与学的互动中渗透、引导学生去体会、去感悟，教学效果会更好。

六、提供客观支持

体育教学过程不同于平时的传统课堂，体育教学需要依托客观物质条件开展基本活动，专业的场馆、优质的体育教学设备、适宜的环境等都是影响体育教学效果的重要因素。良好的教学环境能够激发学生学习体育专业技能的兴趣，精良的教学设备能够促进学生学习的热情，积极向上的氛围能够带动学生精神的愉悦与放松，达到放松心情、排解心理焦虑的效果。

七、教学创新

理论来源于实践，又高于实践。信息化、智能化时代对高等教育和教学提出了新的要求，中国特色社会主义实践对如何培养人、培养什么样的人、为谁培养人提出了新的要求。高等教育的教学内容、教学方式方法、教学手段等方面的创新不仅仅是课程思政与体育教学融合的客观要求，更是走好中国特色社会主义发展道路的必然要求。如何将课程思政与体育教学有机融合，借助新媒体信息化技术推进教学手段的更新、有效监督反馈机制促进教学效果的持续深入等，这些给体育专业教学带来了新的挑战和机遇。

八、监督反馈

建立健全科学合理的监督反馈机制是保证教学效果的前提保证；及时收集真实有效的教学数据及资料，还原教学过程，是保证教学效果的基本要求；改进和完善教学内容与制度，最大限度地发挥教学资源优势，是保证教学效果的重要内涵；持续关注、适当指导教学进度与目标，追溯教学环节与过程，是保证教学效果的必然结果。在课程思政与体育教学相融合的过程中，及时有效的指导与监管，能够促进两种学科的共同进步；监督反馈后的改进与完善同样必不可少，取长补短，查缺补漏，形成优势互补、相互促进的教学模式，将理论与实践相统一促进认识的飞跃，能够更好地指导实践，提升教学效果。

九、依托实际案例，培养规则意识和纪律观念

各类体育运动比赛均有其相应的规则和纪律，在规则和纪律约束下的运动比赛才能凸显其公平性与合理性，这是体育与健康事业长期稳定发展的重要保障力量。在课程思政背景下，高校体育教学与思政教育相融合，教师可以为学生讲解体育运动的规则和纪律，培养学生的规则意识和纪律观念。在高校进行体育教学时，教师可以选择一些违规的恶性事件案例，带领学生共同分析，使学生充分认知遵守规则和纪律的重要性。同时，也可以进一步拓展延伸至法律法规层面，使学生养成良好的法治观念，在参与体育运动的过程中，严格遵守各项规则，进行自我约束。

十、重视力量训练

长期以来，我国高校致力于为社会培养应用型和技术型人才，对大学生的身体素质、意志品质提出了相对较高的要求。所以，在高校人才培养的过程中，应充分发挥体育教学优势，结合课程思政改革要求以及不同专业的实际情况，对学生展开综合训练，有效提升高校学生职业素养与职业适应能力。以汽车技术维修专业为例，在开展体育课程思政教学时，可适当增设力量训练的运动项目。例如，组织学生运用杠铃开展力量训练或滚动轮胎练习，使学生在进入工作岗位后，能够快速适应工作环境。针对公路与桥梁类的专业，在体育教学中可以为其开展长距离拉练和野外生存训练等，培养学生的意志力与体能。对于商务礼仪与临床护理专业学生，由于其日常工作需要长期站立，因此可以通过体育教学对学生进行姿态和站立训练。通过与专业相匹配的针对性体育课程思政教学改革，有助于增强学生的职业素养，为其职业生涯的发展奠定坚实基础。

第四节　高校体育教学中武术课程的价值

一、在大学生意志品质方面的价值

作为我国高校体育公共课程之一的武术，它不仅具有强身健体、通经活络的作用，还可以增强学生的信心，培养学生坚韧不拔、勇于拼搏的意志。俗话说，"一日练，一日功，一日不练，十日空"，就是强调练习武术应该持之以恒，养成终身锻炼的好习惯。运动可以使人快乐，学习武术可以培养学生积极乐观的人生态度，在练习武术的过程中，学生通过实战、对练的形式进行交流、切磋，可以激发其敢于挑战的意志品质，在遇到困惑和困难时，可以进行自我调节，缓解自身情绪。同时，武术还可以通经活络、缓解疲劳，长时间练习，可以修身养性，克服心理疲劳。学习武术还可以对学生进行礼、义、尊师重道等精神方面的内容的宣扬，这正是当代大学生所需要的。所以，我们应该把武术中所包含的文化内涵和武术教学有机结合起来，使武术成为我国普通高校素质教育的重要内容。

二、在大学生身体素质方面的价值

武术作为我国高校体育教学的重要内容，在其不断发展和传承的过程中，已经形成了其特有的表现形式。武术讲究神形兼备，内外合一，就是在强调练习武术时不仅要理解、掌握外在的武术动作，还要注重内在的精、气、神的运用。武术套路不仅包含踢、打、摔等技击动作，还包蹦、跳、跌、扑、滚、翻等高难度动作，长时间练习，可以增强学生的身体素质。

武术的内容丰富，训练方法多种多样，习练武术，对学生的速度、耐力、敏捷性、协调性都有促进作用，从而达到增强体质、强健身心的目的。

三、在大学生社会适应能力方面的价值

当今社会都是将大学生的全面发展作为人才培养的重要内容，而对社会的适应能力则是大学生进入社会非常重要的一步。武术练习本就是一个非常漫长的过程，而且，短时间难见成效，所以，在练习过程中，很多大学生都会遭遇困惑与挫折，而对这种困惑与挫折的解决就是心理调适的一种过程。大学生根

据不同的环节进行自我调节、自我控制，可以提高大学生的社会适应能力。同时，在练习武术的过程中，大学生要不断地进行交流或者组织活动、比赛等，这对于大学生的交流、交往、组织、领导能力都是一种提升。

四、在大学生顽强拼搏精神方面的价值

武术课程的教学内容以及学生练习的动作往往需要学生进行反复的锻炼以及扎实的基本功练习。因此，在武术课程日常的教学活动中，教师要对学生进行反复的动作指导以及体能训练，从而帮助学生在日常的练习过程中充分理解武术课程的教学动作，以达到强身健体的目的。武术课程需要进行大量的体能训练以及基本功练习，这就需要学生具有顽强拼搏的意志以及极高的毅力，这也体现了武术课程的教学内容可以帮助学生培养顽强拼搏的意志，使学生将这种精神一直贯穿于日常的生活中，为其学习和生活提供极大的帮助。武术作为我国优秀传统文化的结晶，其中蕴含着的顽强拼搏的精神也将在日常的教学活动中充分地感染学生。

五、在大学生爱国情怀方面的价值

武术作为优秀传统文化的一部分，其动作内容的形成都与我国在不同时期的重要活动都有着十分密切的联系，是我国在不同历史时期重要民族精神的体现。武术教师可以在日常的武术教学过程中讲解每种武术门类背后所蕴含的故事，使学生充分感受到武术动作中蕴含着的爱国情怀，帮助学生以更加积极、饱满的状态投入日常的学习生活，以充分发挥武术教学在激发学生爱国情怀方面的重要作用。而武术教学过程中所蕴含的爱国情怀，也会反过来促进学生更加积极地进行武术教学内容的学习，从而充分发挥高校体育课程的积极作用。

第五节　武术与课程思政融合的可行性

一、武术课程中蕴含思政元素

（一）武术中的德育元素

武术课程中所蕴含的德育元素主要体现在以下几个方面。一是武侠精神。

中华武术虽然起源于生产劳作与战争当中，但历经数千年的传承与发展之后，中华武术逐渐发展成演练注重礼数，搏击对抗讲究点到为主，追求抑恶扬善，以和为重，其中所蕴含的崇礼、尚礼的精神已深入人心。二是对武德的要求。在传统的武术传承方式之中，入门考核或重要技巧的传承考核，往往会将道德品行作为考核的关键点，习武者对武德的要求如今已被广泛应用于教育行业中，道德品质已成为当今衡量人才综合素质的关键因素之一。三是武术能激发民族自豪感。在当今社会当中，武术虽然是以强身健体为主，但作为我国传统的文化符号之一，武术同样还具备激发民族自豪感的功能。国家武术代表队每次出国巡演或是在重大活动上的表演，都能引起世界各国的广泛关注，这对促进武术文化的传播以及培养民族文化自信与自豪感，都具有积极作用。

（二）武术课程中的体育精神

刻苦训练、不断完善自我是习得精湛武术技艺的基础。武术技艺技巧的训练，同样也是学生对自身吃苦耐劳和坚韧意志品质的训练，能够有效锻炼学生积极挑战自我的勇气和永不放弃的精神。学校的武术课程教育，能够有效培养学生的精神意志品质，帮助学生塑造良好的形象气质，同时，在武术课程中，学生共同参与训练，还能够强化学生的集体主义观念。

二、武术课程与课程思政的契合点

（一）课程思政的教育理念与武术教育理念的契合

首先，从课程思政的定义和价值理念可以看出，课程思政的目的在于立德树人，强调的是知识传授与价值引领的融合与统一，中华武术课程教育同样注重的是内外合一、形神合一，强调的是内在精神及意志品质与外在的技艺技巧的相互统一，二者在教育形式和要求上存在一定的契合点。

其次，课程思政教育的基本要求是要求课程教育应在知识教育的基础上，融入社会主义主流思想、道德观念与民族精神的教育。而中华武术课程教育中，同样也包含武德教育，武德教育内容在历经数千年的发展之后，除了包含中华优秀传统道德观念，还包含自我约束与精神自律等内容，与思想政治教育是相向而行的。同时，在中华优秀传统道德观念等层面，二者也是互通的，这也是课程思政教育与中华武术教育的契合点之一。

（二）课程思政的教育内容与武术文化内容的契合

课程思政教育中，关于育人的内容主要是从人生观、道德观和价值观等方面来体现，而中华武术文化虽然涵盖面较广，但其中同样包含优秀的中华民族传统文化和基本精神。其中，如武术内外兼修强调的是内外合一、积极刚健的精神。武术的伦理文化、崇礼精神，强调的是人际关系相协调的人文精神。如此种种，都可以从当前社会主义核心价值观念中找到契合点，同时，也与课程思政中的内容具有共同点。

（三）课程思政的育人主体与武术文化教育主体的契合

课程思政主要是以立德树人为目标，其中，教育主体主要针对在校大学生，重视的是培养大学生的理论知识与道德价值观念，引导大学生通过了解和学习丰富多彩的中华传统文化，激发大学生的民族自信心与自豪感。而在中华武术文化教育当中，同样注重对大学生品行的培养，通过学习武术，品悟武德，促进大学生个体的整体性发展，二者之间在教育主体上也存在一定的契合点。

第二章　新时代普通高校武术课程概述

武术是我国具有代表性的民族传统体育运动项目之一，它蕴含着悠久、深邃的历史文化内涵和强烈浓厚的民族精神。近年来，武术课程也被越来越多的普通高校设置为体育必修和选修课程，其重要性不言而喻。但在现实课程的开设过程中，仍然存在一些问题，如缺乏对拳种的认识、武术套路过于单一、缺乏对应用的重视、对文化的弘扬力度不够等。这些因素严重阻碍了武术课程的进步和提升，长此以往，对我国武术课程的发展是十分不利的。本章主要对普通高校武术课程的相关知识进行了论述。

第一节　武术的起源与发展

一、武术的起源

(一) 武术的雏形

武术是人与人之间的搏杀技巧。武术的雏形最早可以追溯到原始社会时期。原始社会时期，生产力低下、生存环境恶劣，当时的人们为了生存不得不与大自然进行各种各样的战斗。在长期的生产活动中，人类靠拳打、脚踢、躲闪等徒手动作和利用石头、木棒、兽骨等原始工具与野兽抗争，在此过程中逐渐学会了劈、砍、刺等基本搏斗技能。这种原始的、基于本能的技能还没有脱离生产技能的范畴，因此不能看成是武术的萌芽。因为只有人与人之间的搏杀格斗才具有攻守矛盾的存在，符合技击的逻辑本质。但人在与大自然进行抗争的过程中所积累并逐渐演化成的一系列动作形式为传统武术技能的形成奠定了基础。

人类发展到旧石器时代晚期，石器、石球、石斧、石铲等大量石器工具产生并快速发展。新石器时代，石刀、骨制的鱼叉、箭镞、铜斧等使人们的生产、狩猎进一步得到提高。一系列生产、狩猎技能工具的创新和发展使人类的砍、劈、击、刺等技术不断成熟。这一时期，武术初见雏形。

武术在人类发展历史中正式产生于人与人的战争中。原始社会末期，大规模的部落战争开始出现。人与人的搏杀格斗在客观上促进了器械的制作以及技击技术的发生和发展。兵器的发展促进了兵器使用技术的进步，战争将人类的格斗技能从原始生产劳动中分离出来。这一时期，武术作为一种独立的社会技能开始形成并发展起来。

值得提出的是，原始社会人们进行狩猎、战事活动前后的武舞促进了传统武术动作套路的发展。据史籍记载，大禹时期三苗部族多次反叛，部落间战争不断，后来，禹停止战事，让士兵持盾斧操练干戚舞请部族的人观看，三苗部族被慑服而臣服于大禹。干戚舞是古代众多武舞中的一种。从表面上看，古代武舞是对狩猎或战争场景的模拟，用于鼓舞族民或震慑敌人；从现实意义的角度来看，武舞是对搏杀技能的一种操练，它融知识、技能、身体训练和风俗习惯等于一体，将用于实战格杀的经验按一定的程序进行演练，是古代人们对武术的认识由感性向理性的升华，为武术套路的形成奠定了基础。

（二）武术的形成

原始社会的武术形式是在人类生产劳动和部族战争中萌芽和发展的，它构成了原始社会时期人类文化的重要组成部分。但从本质上讲，原始社会的武术还没有进入有目的、有计划、有组织的体育活动范畴，因此不能称之为真正的武术。

真正的武术是在阶级社会逐渐形成的。人类进入阶级社会后，在不断发生的部族战争和家族私斗中，比较成熟的击、刺、出拳、踢腿等技术动作逐渐被人们模仿、习练和传授。因此，人类的搏斗经验不断得到丰富，搏斗技能进一步规范化和实用化，再加上兵器的发展，武术逐步形成。

奴隶社会，武术成为专门为统治阶级服务的军事技能。随着生产力和生产方式的不断进步，奴隶社会的矛盾不断加剧，奴隶制的崩溃使得奴隶主贵族在军队和教育方面垄断武技的局面被打破，士阶层和游侠开始出现并在当时日渐活跃，这标志着武技开始进入民间。民间的武术技艺主要是以个体为基础，向着多样化的方向发展。为了提高武术技能，习武者不断进行钻研、尝试和比较，武术开始讲究攻防技巧和战术打法的多样化（如进攻、防守、反攻等）。随着武术技能的丰富和发展，武术理论逐步萌生。

二、武术的发展

1. 1949~1958 年：运动的普及化和经常化以及普及与提高相结合阶段

中华人民共和国成立后，在社会主义建设过程中开展武术运动，增强人民体质，使武术服务于社会主义建设事业，成为一项紧迫的任务，武术事业由此开启了新篇章。1952 年，武术的性质、地位、目的和作用发生了巨大变化，武术被赋予了全新的内涵和意义。武术的发展先后经历了运动的普及化和经常化、普及与提高相结合两个阶段，旨在提高人民群众的健康水平。因此，群众武术是武术事业的工作重点，武术成为社会主义事业的组成部分，开始朝着增强人民体质的目标前进，武术成为服务于无产阶级人民群众的普及运动。

2. 1959~1965 年：缩短战线，保证重点阶段

1956 年，社会主义三大改造基本完成，社会主义制度在我国初步建立，中国进入社会主义初级阶段。这一时期，中华人民共和国体育运动委员会提出积极开展武术表演，开始了对武术竞赛活动的探索。这一时期，我国先后举行全国武术评奖观摩大会、全国武术运动会，制定了《武术竞赛规则》，建立了专业武术运动队，提高竞技武术运动水平。

在这一时期，社会物质资源匮乏、人民生活难以得到保障。如何正确处理群众武术与竞技武术的关系，成为现实问题。国家调整了体育工作发展方针，竞技体育成为体育工作的重心，制定了缩短战线，保证重点的发展规划。在武术领域侧重发展竞技武术，各大体育院系、武术队、业余体校武术班培养了大量武术人才，涌现出一大批优秀的武术运动员，竞技武术得到快速发展，竞技武术初现繁荣景象。与此同时，一味追求竞技武术，造成竞技武术与传统武术发展的不平衡。

3. 1966~1977 年：武术事业曲折发展阶段

这一时期国家各项事业遭受严重破坏，武术也不能幸免。1974 年，中华人民共和国国家体育运动委员会提出体育"要从儿童抓起"的方针，并设立了迅速提高运动技术、力争短时间使我国一些项目达到国际水平的目标。以此为契机，武术队开始恢复训练和竞赛活动。1974 年 7 月，中国武术代表团访美开启了"武术外交"。"武术外交"增进了中美两国人民的相互了解，为中美正式建交奠定了基础。

4. 1978~1994 年：竞技武术优先发展阶段

1978 年，改革开放使我国的体育、文化、卫生、教育等各项事业的发展呈现出新面貌和新气象，武术事业也走上了发展的"快车道"。1979 年，中华人民共和国国家体育运动委员会提出以体育业务为工作重点，并确立了普及与

提高相结合的前提下，侧重抓提高的方针，奥运战略开始形成。1983年，我国提出"体育强国"的战略目标。1986年，中华人民共和国国家体育运动委员会下发《关于体育体制改革的决定草案》，提出加强民族传统体育改革的探索与研究。在这一方针的指引下，按照"以奥运会为重点，兼顾一般"的原则，武术开始进入亚运会并逐渐走向世界。同时，通过对民间武术的挖掘和整理，传统武术也"伴随发展"。

5. 1995~2008年："两条腿走路"阶段

1995年，《全民健身计划纲要》与《奥运争光计划纲要》发布，两个纲要在武术领域分别对应传统武术和竞技武术，由此确立了武术"两条腿走路"的发展方针。一方面，推动竞技武术在国内外参与各种比赛；另一方面，在国内大力提倡传统武术参与全民健身，在国外积极开展传统武术的国际化传播活动。太极拳健身运动受到人民群众的欢迎，太极拳在全民健身中的作用日益凸显，太极拳的健身价值与文化价值得到进一步挖掘和提升。在开展武术的全民健身工作的同时，各洲际武术协会与国际武术联合会先后成立，亚洲武术锦标赛、亚运会武术比赛和世界武术锦标赛成功举办。在北京奥运会期间，武术以特设项目的形式出现在赛场上，竞技武术未能进入奥运会。

6. 2008年至今："大武术观"与武术标准化阶段

武术没有成为奥运会的正式比赛项目，引起了武术界对武术奥运战略的思考。在这一系列研究成果的推动下，最终形成了"大武术观"。它着眼于武术发展全局，根据中国武术门派繁多的特点，鼓励武术界百家争鸣、百花齐放，以期实现中国武术全面、长久的发展。在这一武术发展观的指引下，武术的多元价值逐渐凸显。

毋庸置疑，武术事业的发展取得了一定的成就，然而，武术整体发展的不平衡，竞技武术因缺少观众而冷场，武术的国际化传播远未达到全世界普及的程度。在此形势下，武术标准化战略应运而生。武术标准化是为有效推动武术在国内外传播而制定的武术标准并进行推广的活动。随着全民健身事业持续发展，武术全民健身体系逐渐成形。健身气功、传统武术和太极拳（剑）被列入《全民健身计划（2011—2015年）》。《"健康中国2030"规划纲要》明确提出了要扶持推广太极拳等民族民俗民间传统运动项目。纵观武术发展的全过程，"大武术观"与武术标准化紧紧把握时代发展规律，注重与国家的发展战略相契合，将武术提高到了强国的思想高度。在肯定这一进步的同时，我们还需要清醒地认识到，在具体实施中仍有许多现实问题需要考虑和应对，如中国武术门派种类繁多、技法难以统一、不同武术拳种发展不平衡、传统武术的门户之见等。这就要求武术的发展既要立足于战略顶层设计，又要着眼于实践中的具体问题，以期实现发展规划与具体措施的有效融合。

第二节　武术的定义与特征

一、武术的定义

武术是以技击动作为主要内容，以套路和格斗为运动形式，注重内外兼修的中国传统体育项目。为了进一步理解武术的概念、弄清什么是武术，我们首先来剖析"武术"这两个字的含义。"武"，是力量的象征，比武较量，也就是力量的比较。这种力量有人体素质的因素，也有通过合理的练功所产生的功力。"术"，是斗智、斗勇的方法，它不是什么招法、势法，而是健身制敌时的原则和要领。例如，合理的间架配备，技击和用拳时的路线，身体重心的移动，步法上的虚实变换，也就是俗话所说的"火候"。

综上所述，武术是一项以内劲为体，以方法为用，"制人而不制于人"的健身和技击技能。

二、武术的特征

（一）内外合一、形神兼备的练功方法

武术是"武"和"术"的结合。"武"是指武艺、武功，它体现在练武过程中的气韵和神态，以及通过肢体动作表达出的刚劲气势；"术"是指方法、修为，它体现在练武中的精、气、神等心理活动。只有刚柔并济、内外兼修才能真正练好武术。武术套路十分强调把武术中的刚柔并济以及内外兼修表现出来。就像我们说的查拳，打这套拳法时要注重气势；华拳则注重身体动作与思想精神同步，要打出内在的神韵；太极拳注重用思想精神运气，然后由气引导外部的形体动作；形意拳则要求内部共一，外部相合，内部共一指的是精神与内心统一、内心与内气统一、内气与外部动作统一，外部相合指的是手脚协调、关节协调、肩膀与盆骨协调；南拳则要求既要培养精神气势，还要训练动作的迅速。从训练方法我们就能看到，真正的武术是中国传统文化中礼仪、儒学、哲学、武艺等的结合，只有悠久而灿烂的中华文明才能孕育出如此具有中华特色的武术形式。

（二）具有综合性

中华武术集功法、套路和实战技击于一身，不仅如此，随着中华武术的发展还衍生出了与之相伴的文化，由此可见中华武术具有综合性特点。中华武术讲究功法的练习，功法是套路演练和技击术的基础。技击意识是各派拳法共通的属性，将其融入武术套路中，将其与舞蹈、体操等形式进行区分。

（三）重在技击，强调攻防

武术最初作为军事训练手段，与古代军事斗争紧密相连，其技击的特性是显而易见的。在实战中，其目的在于杀伤、限制对方，它常常以最有效的技击方法，迫使对方失去反抗能力。这些技击术至今仍在军队、公安中被采用。武术作为体育运动，技术上仍不失攻防技击的特性，将技击寓于搏斗与套路运动之中。搏斗运动集中体现了武术攻防格斗的特点，在技术上与实用技击基本上是一致的。但是，从体育观念出发，它受到竞赛规则的制约，以不伤害对方为原则。因此，可以说武术的搏斗运动具有很强的攻防技击性，但又与实用技击有所区别。

套路运动是中国武术一个特有的表现形式，不少动作在技术规格、运动幅度等方面与技击的原型动作有所变化，但是动作方法仍然保留了技击的特性。即使因连接贯串及演练技巧上的需要，穿插了一些不一定具有攻防技击意义的动作，然而就整套技术而言，其主要的动作仍然是以踢、打、摔、拿、击、刺诸法为主，这些仍是套路的技术核心。

（四）以套路和格斗为运动形式

以套路和格斗为运动形式，不仅使武术得以表现出自身的特点和优势，还表现出各流派的独特风格和特点。

1. 套路运动

套路运动是中国武术的一种特有的表现形式。整套技术以踢、打、摔、拿、击、刺等具有攻防含义的动作为主，但不少动作在技术规格、运动幅度等方面与技击动作原型相比又有所变化，从而具有体育运动的意义。首先，它讲究动作衔接合顺和规格化，以达到增强体质的目的；其次，它讲究动作结构、韵律、节奏的严谨、优美、舒展大方，并向表演的规范化发展，从而具有观赏价值。

2. 格斗

格斗是武术的另一种表现形式。它集中体现了武术的攻防特点，在技术上与实用技击基本上是一致的，但从体育观念出发，它受到了竞赛规则的制约，以不伤害对方为原则。可见，武术的格斗运动具有很强的攻防技击性，但又与实用技击不尽相同，具有体育运动的属性。①

（五）注重和谐

中国文化历史悠久，历经几千年的沉淀和升华，受中国儒家、道家的文化影响，中国的文化价值观以和谐为主。和谐的文化价值观深深烙印在传统习武者的脑海里，为了追求万物的和谐，他们不会轻易使用武术，正所谓先礼后兵。传统的儒家思想告诫我们万事以和为贵，治国须为和，治家须为和，和谐在我国传统文化中根深蒂固。在武术中，我们也一直在强调要内外兼修，刚柔并济。

（六）具有文化性

1. 对和谐的价值观较为注重

和谐这一理念充分体现了我国传统文化的精髓，能够深刻影响民族文化的发展。这里所说的和谐不仅包括人与人、人与社会、人与自然等方面，还包括自我身心等多方面的和谐。通过研究和分析武术文化，可以看出我国的武术将和谐这一价值观念深刻地体现了出来，具体表现为在进行武术练习时，练习者要做到身心合一，从而实现身心的协调发展。

2. 将刚健有为的民族文化精神反映出来

"天行健，君子以自强不息"，充分反映了我国的民族文化，而传统武术文化将这一民族精神充分表现了出来。我国的传统武术不仅能使练习者更加勇武顽强，还能震撼观赏者的心灵。武术锻炼能使练习者外柔内刚，从心态和心理上体现出刚健有为的民族文化精神。

3. 对形神兼备较为注重

武术的修炼历来对形神兼备较为重视，外部表现为"形"，内在的、心理的和精神的则表现为"神"，两者必须统一起来，才能达到武术的最高境界。如果只有外在之形，那么我们所学到的各种武术动作只是皮毛，无法真正掌握武术的精髓。形神兼备是武术的灵魂，如果不能做到形神兼备，武术就会脱离其本质内容，也就不是真正意义上的武术。

4. 思维方式是对立统一的

我国传统武术的各项动作技术讲求攻防的相生相克，对虚实的掌握、动静的结合等较为注重，这在一定程度上体现了对立统一思维。另外，坚持对立统

---

① 陈善平. 传统武术和健康 ［M］. 西安：西安交通大学出版社，2021.

一就是从整体上认识和理解事物，我国传统武术的习练不仅对单个动作的衔接较为重视，同时对整套动作的一气呵成也较为注重，讲究整体水平的提高。

（七）具有广泛的适应性

武术与其他体育运动项目比较，具有广泛的适应性。

1. 形式多样，内容丰富，适应不同的对象

例如，有适应竞技对抗性练习的散手和太极推手，有适应演练的各种拳术、器械、对练等。不同的拳种和器械有不同的动作结构、技术要求、运动风格和运动负荷，分别适应不同年龄、性别、体质的人的需求，人们可以根据自己的条件和兴趣爱好选择合适的项目进行练习。

2. 对场地、器材的要求较低

练习者可以根据场地的大小选择练习的内容和方式，同时对器械要求也不高，大都可以就地取材。

3. 不受时间和季节的限制

无论白天晚上，无论春夏秋冬，无论时间长短，都可以练习。

第三节　普通高校武术课程内容的设置

一、武术课程内容设置的原则

（一）体现武术拳种

根据武术的自身特点以及学生身心发展的需要，对武术拳种进行分类是很有必要的。不同的拳种所反映的形态特征各有不同。拳种内在的含义是完备的技术和理论体系，这里的技术完备指的是其所具有的套路、应用、功法，三者相互作用，互为因果关系，这种方式可以满足大学生健身、防身、娱乐的不同需要。理论体系蕴含着丰富深厚的理论知识，透过理论层面可以探索其中丰富的文化元素。所以，拳种的价值体现在方方面面，我们必须重视拳种的发展，努力将拳种进行发展和完善，使得大学生能够更有兴趣地投入武术专业的学习中，促进武术课程在高校中的发展。

（二）优化和完善套路

长期以来，我国的武术课程一直以单一的套路进行教学，常使得学生逐渐丧失学习兴趣。近几年，为了大力促进武术教学事业的发展，各大学校不断完善和丰富套路，使得武术教学能够在体育学校中得以延续和发展。套路是武术学习的关键内容，具有浓厚的民族特色，也是民族文化传承的重要载体。优秀的武术套路能够体现较高的文化品位和思想内涵，也可以吸引更多的学生参与和学习，所以，要优化武术套路就是要继承和发扬优秀的、有内涵的套路，并且赋予套路一定的教育功能，重点强调应用，将武术套路的应用作为武术学习的首要任务。这不仅仅是对武术套路的发展和优化，也是武术的必然和回归，同时，也是广大学生喜爱武术的最初目的。因此，不管是从学生的需求还是武术自身的特点来看，都要重点强调优化套路，对于出现的套路单一的情况要及时纠正，通过对套路的不断丰富和优化，调动学生的学习积极性。

（三）大力弘扬文化

在传统的武术之中有"武艺""道艺"的分别，体现了武术所追求的文化精髓。而其中体现的也正是民族文化的发扬和精神的培养。这不单单是社会对武术提出的要求，也是武术教育的最终目的，更是从整体上提升大学生素质的关键所在。

二、武术课程内容体系的确立

（一）"一体两翼"体系

"一体"是指"功套用"有机统一体，这是武术自身性质所决定的。这一主体结构贯穿武术课程的始终，可以视具体情况在局部有所侧重和增减，但是，这一结构不能也不应该被破坏。而且，就武术某一拳种的课程而言，其自身也要保持该系统的"功套用"特殊性。

弘扬民族文化是"一翼"。武术不单单是一种体育运动、肢体活动，其本身在传统文化中孕育产生，包含了丰富的文化思想，武术教学训练本身就是弘扬民族文化，这也是当今社会对武术的要求。因此，这将是武术课程中不可忽视的一个内容。

塑造个性品质是另"一翼"。这是学生和社会双重作用的要求。教育是培养人的活动，武术特有的民族精神对塑造学生个性、品质以及民族精神来说都是非常有效的手段，这同样是武术课程的主要内容，不能缺失。这一内容体系同样要有可操作的内容，如武术礼仪规范、行为要求，包括着装、仪表的要求，通过具体行为塑造个性品质，提高精神气质。

（二）建构"功套用"本体内容

依据课程目标、选编原则，我们选取有一定群众基础，且对学生身心影响作用突出的长拳类作为教学内容，按照桩功—套路—用法结构编排。其具体程序为基本功—单势动作—攻防练习—个人套路—对练套路—对打应用。

优化套路。精选技法，精编套路。由于受课时等条件限制，我们选取主要的步型桩功动作进行练习，单势基本动作包括长拳中常用和基本的拳、掌、勾三种手型，弓、马、仆、虚四种步型，冲、贯、勾、推掌四种手法，蹬、弹、瑞、鞭、勾踢五种腿法和摔、拿等动作，体现出踢、打、摔、拿四类主要技法，但是，我们只选取最基本的1~2种技法进行学习。

强调应用。单势练习紧密结合单势的攻防练习，又将单势动作以套路形式串联起来，再把攻防练习同样用套路的形式连接起来，最后，适当做无条件的应用练习，使整个体系较完整地反映技术体系。

（三）提出弘扬文化精神的措施

技术传承本身就是弘扬文化和培育品质，但是，我们还要用具体的行为规范来养成优秀品质，体现文化精神。

突出武礼规范。武术教学内容不仅仅是技术内容，还包括了武术特有的礼节和行为规范，如上课前先行抱拳礼，对练开始与结束时行抱拳礼。

培育个性品质。在武术练习中，特别是在对打中，在正确的技术情况下，要有意识地培养学生不怕苦的拼搏精神，通过练习培养互帮互助的和谐人际关系。

第四节　普通高校武术课程发展现状

一、课程内容单一，教学方式机械化

当前，我国高校开展的武术课程主要有长拳、短拳、太极拳、太极剑等，可选择性较少，而且这些课程的开展主要是以老师的讲授和学生的模仿练习为教学情境，教学方式比较单一化和程式化。从整个武术课程的教学上来看，缺

少一定的趣味性。而趣味性和丰富性对于任何学段的学生来说都是影响课程参与情况、互动意愿及最终的课程考核结果的重要因素。除此之外，武术在体育领域的关注度本来就不高，学生关于武术的了解较为匮乏。武术课程作为能够弥补学生关于武术领域知识匮乏的重要途径，存在趣味性不足，选择性不高，而且不同的武术课程之间的区分度不高，整体上是以套路演练为主，对学生的吸引力不足等问题，这些因素共同导致了当前高校武术课程缺少活力，学生上课积极性不高及武术文化输出不足的现象。

此外，在教学方式上，目前高校的武术课教学都是由老师进行动作分解演示，学生进行模仿重复，然后老师对学生的动作进行指导和修正，最后输出一整套完整的武术套路表演。但是，在教学过程中由于班级学生人数较多，老师不能兼顾所有人，在教学上的互动性不足。从目前的教学方式来看，教学方式的机械化和固定化对于提升学生对武术课程的兴趣具有一定的负面作用。机械化的教学方式、单向的输出和重复、互动形式的单一的武术课程教学并不能体现体育核心素养对武术课程在教学方式和教学目标上的指导作用。此外，在高校武术课程教学过程中对差异性考虑较少，教育的最好方式应该是因材施教，所以差异性在武术课程的教学中也是不可忽视的。

二、对武术课程的关注度和认知度不够

尽管武术课程教学正在普通高校不断发展和普及，但多数学校管理层及相关课程管理人员对武术运动的认知度和关注度并不高，没有真正意识到武术课程的重要性。作为在我国民间广泛开展的武术运动，普通高校对武术的了解程度比较低，多数人对武术的认知还是从武侠小说及影视剧中获得的，严重影响了学校对武术课程设置的重视度，因此在武术课程开展过程中，学校未能给予资金和硬件设施等方面的必要投入和大力支持。

三、忽视应用

武术本身具有明显的技击性，而且颇具中国特色，可是武术的这个特性长期被埋没，所以在学校武术中几乎看不到攻防练习。随着人们认识和思想的进步，人们终于意识到武术的技击功能，但是由于继承武术固有技击内容的匮乏和认识的表面化，一些高校在武术课中增加"散打"，认为这就是武术的"应用"，发挥了套路和散打项目的优势，弥补了二者之间的不足，把没有内在联系的套路和散打糅合在一起，其实是对完整意义上武术拳种技击性的抹杀。

四、专业教师数量缺乏，场地设施投入不足

武术课程建设最重要的主体就是武术教师，武术课程开展的优劣在很大程度上取决于教师的专业素养。近年来，受到普通高校大学生的数量增加的影响，原来的专业武术教师的工作量增加了数倍，职业倦怠现象严重，很多武术教师被动地接受了教学任务，很难确保在课程教学过程中，全身心地演示出标准的武术动作，无法集中精力积极主动地、有创造性地参与武术课程的建设。另外，普通高校开设武术课程的相关场馆、器材等基础设施与实际需求不对称，很多高校没有独立的武术房，往往都是在操场或者体育馆的一角进行武术教学，严重影响了武术课程学习的体验感。

五、武术课程教学模式单一

长久以来，在武术课程的教学中，教师都会以事先编写好的教学大纲和教学进度为基础，采用"教师讲解领做—学生模仿跟做—学生分组练习"的传统教学模式，在规定的教学时间内，将预定的教学内容通过"教授—接纳"的教学方式传授给学生，无形之中，教师成了大纲、教案的"传声筒"，没有在教学方法、方式、手段的设计上形成以学生为本的理念。特别是在武术套路的教学过程中，武术难学易忘的特点使得大学生对武术的学习兴趣逐步丧失，一方面在课程教学中无法调动学生学习的主动性，另一方面也会影响课堂教学过程中师生之间的互动性和良好课堂教学氛围的建立。这些都将制约武术课程建设的有效实施，进而无法实现预期的课程设置目标。①

六、武术文化输出少，育人功能较少体现

目前，我国高校通过武术课程发挥对武术文化的传播作用极为有限，大多数教师只是机械地对武术动作进行讲解，然后让学生模仿。武术动作背后的历史故事和武术背后传递的价值观等文化内容极少涉及，一方面可能是因为教师对于该内容的知识匮乏，使其心有余而力不足；另一方面是教师未注意到武术的文化价值传播，在课程内容和教学方法的设计中未将其纳入；另外，体育与其他学科之间长期割裂，有些教师认为学科文化传播和输出是其他学科的专属内容，与体育课程无关。但是，体育核心素养对武术课程的文化输出有深层次

的和明确性的要求，学生要通过课程的学习培养体育情感和品格，武术文化背后的忠信礼义等价值观是非常重要的部分，也是体现课程育人功能的重要支持。同时，由于教师对核心素养和深度学习的情景创设能力相对缺乏，没有深度学习的情景，对于武术文化内涵的挖掘和输出是较为困难的。因此，高校体育教师应提高对武术文化的理解和掌握，并在课程教学中进行武术文化的传播，培养和提升学生的体育核心素养。

七、武术课程内容缺乏多样化

目前，武术课程采用的教材内容陈旧、单一、枯燥，降低了大学生参与武术学习和锻炼的吸引力，这也是普通高校开展武术课程存在的一个主要问题。目前，普通高校开设的武术课程教学内容以传统套路的教学为主，主要的教学内容为24式简化太极拳、初级长拳、初级器械等，很少融合技击防身等教学内容，这与当代大学生参与武术课程想要获取的武术知识和理论有一定的差距。大学生精力旺盛，喜欢具备竞争性、时代气息强烈、富有青春活力和新鲜感的体育课程，如击剑、健美操、羽毛球等，一方面这些课程能够强身健体，另一方面能够展现当代大学生积极进取、顽强拼搏、不惧挑战、奋勇争先的精神状态。然而，现行的武术课程内容设置较为单一，学习内容比较乏味，传统武术套路具有动作数量多、套路复杂的特点，零基础的大学生参与武术课程学习时，会感觉到武术套路掌握难度大，缺乏学习武术的积极性和兴趣。特别是到课程后期，需要掌握的武术套路和动作数量越来越多，难度也就越来越大，很多大学生出现了畏惧和反感的负面情绪，有些大学生只是为了应对考试不得不进行练习，基本不会在课余时间主动参与武术的学习和练习，武术课程无法调动大学生武术学习的参与度，这将不利于武术课程的建设和发展。

八、评价考核方法单一

体育具有很强的实践性，这是区别于其他学科最明显和最突出的特征，也是体育学科在进行教学目标、内容和方式以及考核评价方面需要考虑的重要因素。武术课程的实践性决定了其评价方式不同于其他学科。武术课程的高度实践性，要求教师应该更多地关注学生在教学过程中的表现和进步，而非仅仅是以最后的考核结果——动作表演的规范性和完整性作为评价的唯一标准。

首先，武术课程在评价过程中缺少互动式和全面性的评价，通过最终的考核来确定学生的课程学习表现，只是一个单向由老师进行评价的过程，缺乏与学生之间的互动。其次，双向评价是非常有必要的，老师应该接受来自学生的评价，实现双方之间的互动和回馈。此外，有些学生自身条件较差，如果仅仅以最后的考核结果对其武术学习情况进行判定的话，就忽略了这类学生在学习过程中的努力，也未能体现差异性在武术课程考核评价中的作用。因此，目前高校武术课程仍以终结性评价作为主要的评价方式，一方面没有考虑武术本身具有的实践性，另一方面忽略了过程性进步在考核中的作用。最重要的是，这种评价方式没有与体育核心素养的内在要求保持一致，不能很好地在体育核心素养的要求下实现武术课程的高质量发展，更好地发挥武术育德树人的作用。

第三章　课程思政建设概述

全面推进课程思政建设是新时代落实立德树人根本任务的战略举措。课程思政应深入挖掘专业伦理与职业道德、传统文化与中国精神等思政内容元素，并以协同育人为抓手，通过建设德才兼备的高素质教师队伍、结构优良的精准化组织制度，形成课程思政的支持体系。本章主要对课程思政建设的相关知识进行系统论述。

第一节　课程思政的概念界定

一、课程

课程即学习的进程。关于课程的概念，主要有以下几种观点：第一种观点主张课程是学校层面为实现教育目标而准备的全部经验；第二种观点强调课程是以实现教育目的和教学目标为根本出发点和落脚点，有目的、有计划地设定的教学科目以及每门教学科目实施的进程，既包含教师教的内容，也包含学生学的内容；第三种观点视课程为某门学科或教学科目的总和。对中小学校而言，课程即科目、学科；对中高职院校及高等教育机构而言，课程的概念不等同于科目、学科，其内涵为不同专业之下的每门具体的课程或全体课程的总和。然而，无论是什么教育阶段的课程，真正意义上的课程包含人才培养方案、课程标准（教学大纲）、教学计划、教学方案、教师活动、学生活动、教学方法、教学内容等具体的教学实施内容。课程是有目的、有计划、有组织、有系统地将教学内容传递给受教育者的重要载体。因此，笔者认为，课程即学校根据国家对人才培养规格的要求、教学目标以及受教育者身心发展规律，有目的、有计划地制定的系列教育安排，具体包括不同性质的教学的内容及活动等，为学生有计划地学习不同的学习内容提供指引。

二、思政

思政，即教育者根据国家、社会在思想意识形态方面的要求，对受教育者实施思想意识和社会价值观的正向影响，促使受教育者主动将社会思想道德内化为个人思想道德的教育，达到价值引领的育人效果。思想，亦称为观念、观点、想法，即客观存在于人类头脑中的且经过思维和经验的加工而产生的结果。政治多与意识形态内容相关，政治教育即教育者根据国家和社会的发展要求，对受教育者进行政治方面的教育，促使受教育者的发展具有全面性和社会性。思想政治教育的精髓与灵魂在于为顺应社会的发展需求，实现个人自我成长，受教育者主动将社会主义核心价值观内化于心、外化于行，自觉提高自身的思想素养、政治素养、道德素养、文化素养，实现自我全面可持续发展的过程。思想素养、政治素养、道德素养、文化素养等核心素养是思想政治教育的核心素养，这些核心素养能够影响个体的长远可持续发展。教育者根据社会发展的要求和受教育者身心发展规律，有目的、有计划地将思想、政治、道德、文化等教育内容传递给受教育者，促使受教育者的思想素养、道德素养、政治素养、文化素养等符合国家和社会发展的要求。思政教育与"德育"一词释义相近，但不完全一致。道德是个体为遵守社会道德规范而逐步形成的心理倾向性，道德教育即教育者通过多元化的教育手段和方法，促使受教育者形成良好的社会道德规范。当下，思政教育的内涵正随着时代的迅速发展而进行着内涵式与外延式发展，在与社会发展的碰撞中萌发出大思政的概念，如涵盖了心理健康教育、网络健康教育、政策文件中的思想与政治教育等内容。狭义的德育指一个国家或社会有目的、有计划、有组织地对公民进行道德规范或准则方面的教育，从而使公民能够自觉遵守道德规范和行为准则，达到育人的教育效果。广义的德育则涵盖所有能够提升受教育者思想素养、政治素养、道德素养、文化素养、法治素养等核心素养的教育因子的整体。对受教育者而言，个体的思想素养、政治素养、道德素养、文化素养、法治素养等是紧密联系、密不可分的有机整体，此处的德育与思政教育具有同样的释义。

三、课程思政

（一）课程思政的概念

2014 年上海市提出课程思政的概念并试点推广以来，课程思政成为学术界研究的重大课题和高校思政教育改革实践的热点，但学术界对课程思政的认识观点不尽一致。通过对现有研究与实践成果的总结与分析，笔者认为课程思政是指学校利用所有非思政课程开展思政教育的一个体系。对于这一概念的理解和把握有以下几个要义：第一，课程思政不是一门具体的课程，而是一个体系，是一个包含思政教育目标、内容、手段及方法的体系。第二，课程思政所指的课程，是指所有的非思政课程，包括通识课程、基础课程、专业课程，甚至可以拓展到没有具体课程形态的隐性课程。第三，课程思政研究的范畴是思想政治教育，是实践"三全育人"的重要抓手。第四，课程思政是一个重要的理念，既作为新的思政理念，对推动思政教育改革具有很强的指导意义；同时，课程思政作为重要的课程理念，赋予课程教学改革深远的价值。

（二）课程思政的特征

1. 多样性

多样性特征指的是课程思政涉及的课程众多，有音乐、体育等公共课，还有专业课和实践课。例如，文学、历史学、哲学类专业课程要帮助学生掌握马克思主义世界观和方法论，立足于历史与现实、理论与实践，引导学生理解人生真谛、社会变迁、历史发展等。

2. 自主性

课程思政的自主性，是指各级各类高等院校根据本校的特点及发展目标，制定出本校课程思政实践的内容体系。

3. 协同性

协同性是课程思政的另一特征。协同是指在一个系统里，为了达到某个目标，不同要素相互配合、相互合作。换句话说，在这个系统内部为了达到某一目的，诸元素相互合作、合力联动，使各要素之间形成优势互补，达到"1+1>2"的效应。思政教育工作是一个由诸多要素相互构成的育人系统。要想更好地达到育人的目标，其系统内部的诸要素之间需要优势互补，相互配合、相互协调，从而使思政教育达到最佳效果。因此，高校思政教育不是思政课这个育人系统中个别元素的专属，而是全员全课程的"大合唱"；不是思政课老师的"单打独斗"，而是所有教育者需要挑起的育人重担。无论是思想政治理论课还是其他专业课程，其在培养目标上都是一致的。为此，课程思政要以课程为载体，处理好思政教育育人系统中思想政治理论课与其他专业课之间的关系，统筹规划，在发挥思想政治理论课主阵地作用的同时，不仅要将思政教育内容融入专业课的教学过程中，还要开发和挖掘其本身所蕴含的思政教育内容，实现育人系统要素之间的相互合作与协调，为了共同的育人目标而协调同行。

4. 潜隐性

课程思政作为一种隐形思想政治教育，其潜隐性表现在两个方面：一是课程中蕴含的育人元素具有潜隐性。各类课程中的育人资源是潜藏在教材中的，尤其是理工科的教材，含有大量的数据，缺少文化传统、伦理道德等方面的育人元素。二是与思政课教师相比，其他教师在进行课程思政时，不是简单的理论灌输，更多的是自身的知识储备、独特的人格魅力及对待工作的严谨性和投入度，使学生坚定其理想信念，对学生的生活，事业等方面进行精神引领。

5. 全局性

课程思政在学校建设中要进行全过程、全员、全方位的立体化建设，具有全局性的特征。课程思政对学生的教育在课前、课中、课后都要融入思政教育，达到全过程育人。课程思政不仅指全体的公共基础课、通识课、专业课教师要参与课程思政建设，学校的行政人员在其自身岗位也要深度挖掘思政元素，发挥行政部门的思政引领作用，引导学生立德树人。课程思政的全方位是指从学校层面、教师主导到学生为主体的课程思政的立体化建设。总之，课程思政从过程到主体再到对象缺一不可，具有全局性。

6. 辅助性

课程思政是对传统思想政治理论课的有利补充。传统的思想政治理论课，由于教学形式陈旧等因素的影响，没有达到思想政治理论课的教学效果。在公共基础课、通识课、专业课背后深度挖掘思政元素，增加传统思想政治理论课教学渠道、丰富教学内容、创新教学形式，无形中弥补传统思想政治理论课的不足。因此，课程思政相对于传统思想政治理论课而言，具有辅助作用。

7. 预设性与生成性相统一

课程思政在思政教育目标确立上，是预设性与生成性的统一。所谓预设性，是指在开发一门课程时，根据思政教育要求及课程特点，确定该门课程思政教育目标。教育目标的确立，既为课程思政教育内容选择提供了依据，也为课程教学与评价提供了指南。所谓生成性，是指任何一门课程的思政教育目标都不可能在开发时全面、具体地确定下来，因为课程教学实际过程中的环境、教师、对象、条件等都是变化的，每位教师应根据教学过程的具体情况将思政教育目标灵活、艺术地融入教学过程，即课程思政的目标和具体内容需要在实际教学过程中生成。课程思政预设性与生成性的统一带给我们的启示：第一，要求教师重视课程开发时思政目标的确立，并将此落实到课程开发与实施的全过程，同时不能将思政目标僵化、固化。第二，要求教师在课程教学过程中重视新的思政目标的生成与实现。第三，对教师的思政教育素养提出了挑战。

8. 独立性与依赖性相统一

课程思政在存在形式上，是独立性与依赖性的统一。独立性是对课程思政目标设立而言，每门课程都可以明确自身思政教育目标。但从课程思政教育内容来看，其不具有独立性，而是依存于每门课程本身的教学内容与教学过程中，从这个意义上来说，课程思政具有依赖性。

9. 时代性与历史性相统一

课程思政在内容选择上，是时代性与历史性的统一。思政教育的时代性比较容易理解，因为思政教育在主要内容上体现了社会总体发展的历史进程，它不可能脱离社会而独立存在。我国目前课程思政的主要内容，是宣传马克思主义和马克思主义中国化的最新成果，以及党的路线、方针、政策，引导学生确立正确的世界观、人生观、价值观。这是课程思政时代性最鲜明的体现，这一特点要求我们处理好理论和现实的关系，既要提高马克思主义理论水平，又要加强运用这些理论研究解决现实问题，提升开展课程思政教育的能力，做到与时俱进。所谓历史性，是指思政教育内容包括历史创造并经受历史检验的优秀的人类价值观成果，这些成果来自中华优秀传统文化的丰厚滋养，来自中国社会革命价值观的弘扬与践行，还来自对人类优秀文明成果的吸收与借鉴。社会主义核心价值观传承了中华优秀文化，是当代中国精神的集中体现，凝结着全体人民共同的价值追求。因此，在课程教学中，我们要主动将社会主义核心价值观融入教学的全过程，转化为学生的情感认同和行为习惯，实现课程思政的时代性与历史性的统一。

(三) 课程思政的价值意蕴

1. 课程思政是高校思政教育的新举措，是大学生思政教育的重要渠道

"培养什么人，怎样培养人，为谁培养人"，是教育的根本问题。高校要实现育人目标，必须坚持社会主义办学方向，构建德智体美劳全面培养的育人体系。长期以来，高校思政教育的主体是思政课教师，目前必须改革这种单一教育主体的高校思政教育模式，创新思政教育方法。课程思政建设是落实高校立德树人根本任务的重要举措，是大学生思政教育的重要渠道。

2. 课程思政是系统性的思政课程观，是破解思政课育人"孤岛"困境的有效措施

新时代的大学生应是能够担当民族复兴大任、在德智体美劳各方面得到全面发展的社会主义建设者和接班人，这就要求高校必须确立传授知识、培养技能、价值引领"三位一体"的教学目标。在这一目标中，价值引领是根本，是传授知识、培养技能的最终目标。课程思政就是将价值引领的教育目标融入

各门课程的教学中，使各门课程都能承担起思政教育的责任。课程思政拓宽了高校思政教育的广度，建立起一个系统的思政教育体系，是破解传统思政理论课单一课程育人"孤岛"困境的有效措施，是实现全员育人、全方位育人的有效载体。[①]

3. 课程思政可以提升思政教育的信度，增强思政教育的实效性

高校课程思政依托专业课程进行价值渗透，把思政教育的信度与知识教育、技能培养的信度紧密结合，致力于实现铸魂育人的教育目标。高校思政教育涉及对大学生的世界观、人生观和价值观等的教育，是一项复杂的教育活动。传统的思政教育工作主体主要是思政课教师，单一的教学主体加上偏重于理论灌输的说教式教育方式，极易引发大学生的抵触情绪，难以取得与思政课铸魂育人教育目标相一致的效果。课程思政的本质是学科德育，是在学科教育中开展思政教育活动，通过重新设计专业课程教学体系，深挖专业课程中蕴含的丰富思政资源，以"润物细无声"的方式将思政教育融入专业知识体系的教学中。课程思政有专业知识的依托和支撑，知识性和趣味性较强，能够提升思想政治教育的信度，增强高校思政教育的实效性，使大学生更容易接受和领悟蕴含其中的价值引导。

第二节 课程思政的育人模式

一、课程思政育人模式的意义

（一）体现教学育人的本质

高校传统专业课程教学在一定程度上存在着忽视教学育人本质的问题，各类课程的传统教学模式大多是教师以课堂教学为载体，向学生灌输系统化的理论专业知识或实践技能技巧，这种教学模式往往造成大多专业课程教师只负责教书不负责育人的后果，使教育工作者忽视自身需要承担的育人使命，影响高校教学的整体育人成效。在高校各类课程教学只重视传授知识、忽视培养学生道德素质的情况下，专业课程教学与思政课程教学处于分离状态，二者彼此独

---

① 陈始发，张丽. 论全面提升高校教师课程思政建设能力［J］. 马克思主义与现实，2020（5）：183-189.

立、缺少联系，使教书脱离育人本质，弱化了学校课程教学的育人效果。但是，课程思政的提出与推行，能够在打破传统模式的基础上，加强思政课程教育与其他各类课程教育的联合，使各类课程教师意识到传统单一化的知识教育，难以满足学生成长成才的需求。在实际专业课程教学中，积极开展思政教育，加强学生专业知识掌握，强化学生思想道德修养，实现各类课程教学与学校整体教学的育人目标。由此可见，"课程思政"育人模式在高校的构建与实现，能够有效体现教学工作的育人本质。

（二）加强学科的交流融通

高校构建与实现课程思政育人模式，具有加强学科之间交流融通的重要意义。社会分工的出现，使每个个体在特定专业领域或行业中发挥作用。在人类不断进化的背景下，分工水平相应提升，分工也越发精细，现代大学生课程便产生于这种专业化与分工化的背景。高校各类专业的专业课、选修课与必修课等，受专业化影响会有所偏向，这是社会发展的必然结果。社会的不断进步与发展，也会使单一化、专业化的学科难以解决当代社会的各种复杂问题，跨学科的沟通与合作，成为解决复杂问题的有利途径与社会发展的新需求。而课程思政的提出与推行，能够在很大程度上解决这种社会发展问题。高校构建与落实课程思政育人模式，借助挖掘各类课程中的伦理话题与道德资源，在人文与科学中构架桥梁，使人文教育与科学教育彼此融通，加强各类学科间的交流合作，达到人文精神与科学精神融合统一的目标。虽然高校课程思政这一育人模式的直接目标是高素质专业人才的培养，但是课程思政也间接加强了学科之间的联系，使各学科成为高校学科群的重要组成部分，满足了学科发展需求。

（三）促进学生的全面发展

在当前课程思政教育开展的过程中，高校对课程思政的效率有着一定的要求。基于此，学生既需要学习专业的理论知识，还需要具备相应的专业实践能力。高校对学生的培养要求促进学生的全面发展，帮助学生提升自身的心理健康水平，加强自身的抗挫折能力。这对于高校学生未来的学习发展来说是极为重要的，也是课程思政育人教学的主要目的。因此，在实际的课程思政教学过程中，高校应该从多个方面入手，开展课程思政教育，以此来解决高校学生在日常学习生活中所遇到的问题，切实满足高校学生的学习需求。

（四）实现全员育人

高校在开展课程思政教育的过程中，常常将自身与社会力量相结合，开展全员育人教育工作。高校学生是接受教育的主体，高校、社会方面的力量充分结合，共同为学生展开课程思政教育。除此之外，家庭的教育因素也是不可或缺的，思政教育的有效开展离不开家庭的协助教育。总的来说，高校开展课程思政教育是极有必要的。高校不断结合各方力量形成教育合力，有助于课程思政教育的实现。此外，高校还应将参与教育的各个主体的关系与顺序进行梳理和整合归纳，实现真正意义上的课程思政育人模式。

二、课程思政育人模式面临的问题

（一）育人要素协同合力不足

课程思政育人效果的发挥是育人主体、育人技术、育人环境、育人内容等要素相互作用的结果。当课程思政育人要素以协同化的状态共同致力于课程思政建设的提质增效时，就会带来"1+1>2"的结果，使得课程思政育人作用最大化。若是其中某些要素出现短板问题时，不但会掣肘整个课程思政育人效果的实现，而且会反过来消解其他育人要素的作用，从而带来整个课程思政育人效应的弱化。从当前课程思政育人模式创新的整体实践情况来看，虽然重视通过技术扩散效应、课程内容重组、教学方法拓展及育人思维升级等方式，并在短时期内有效提升了课程思政育人的效果，但是并不能从全方位育人的角度为课程思政育人实效的持续性发挥提供源源不断的动力，这不但会使课程思政育人的内涵式发展难以深化，而且也将在模式推广实践上出现打折扣的情况。

（二）育人主体能动性缺乏

主观能动性作为人类认识世界和改造世界的重要方式及资源，具有十分重要的意义。就当前课程思政实践创新中主观能动性的激发情况来看，无论是对于作为建设主力军的教师，还是对于主要建设对象的学生来说，都存在主体性作用发挥式微的情况。对于教师来说，目前所采用的奖惩考核机制或是各种课程思政培训讲座，更多的是一种外生式的激发手段，难以使得教师从内心深处意识到课程思政对于自我价值最大化和教学能力提升的双重积极作用。在日常实践中，部分专业课教师片面化地认为课程思政实践对学生价值塑造更多的是思政课老师的责任。对于学生来说，不少学生反映除了在教学中对课程背后的思政要素有所了解外，并没有觉得其在实践活动中的重要性，而这恰恰说明通过激发学生主观能动性克服课程思政教学效果的游离化状态具有重要的意义。

（三）育人空间功能性单一

当前，不少高校对于课程思政育人空间的建设，更多局限于课程知识内容的传授及形式相对单一的校园文化活动的开展，并没有针对学生不同年级段、不同专业特点进行有针对性的育人。当高校在育人空间的功能性定位上过度单一和处于封闭的状态时，会使得"教学创新受制于空间参与、学科特点缺乏空间关照、认知发展局限于空间布局、学生主体受制于空间固化"①，从而不利于发挥育人空间对课程思政教学定位的知识传授、价值引领、能力达成的"三位一体"目标的实现。

三、课程思政育人模式的构建策略

（一）建设教学资源

高校课程思政育人模式的重要实现路径，是建设教学资源，这种教学资源的建设需要保证资源内包含思政元素。高校需要承担起建设课程思政教学资源的重任，对资源建设工作进行协调推进。例如，加强各类课程的教材建设，鼓励与引导教师共同编写体现价值引领、包含中国智慧的教材，并积极收集相关网络教学资源。针对课程思政的育人模式，建设教学资源，也需要高校安排思政课程教师与其他专业课程教师共同参与资源建设实践项目，组织其进行定期讨论，分析甄选思政教育元素，以有效总结提炼，为各类课程教学提供符合其专业教学特点与人才培养需求的思政教育元素，使思政理论课程与其他课程协同发挥育人作用。当然，建设课程资源，也需要对课程之间的差异进行厘清，挖掘具体课程中的思政教育资源，需要保证该资源能够助力学科建设与育人。也就是说，课程思政教学资源的建设，需要结合学科课程特点，有所侧重。例如，工学学科应充分挖掘敬业精神与工匠精神等思政元素，自然科学学科应建设科学精神与创新精神等思政教育资源，人文社会学科应充分挖掘人文精神思政元素等，以此实现课程思政育人模式的有效构建。

（二）优化各主体间育人思维的协同性

育人思维的协同性主要是指育人活动相关行为体在思想沟通和集体行动上所达成的一种价值共识活动，集中表现为思维方向、思维对话方面的同向同行

---

① 陈飞. 高校教学空间教育力探析——以大学大型通用教室为例 [J]. 教育发展研究，2019，39 (17)：79-84.

与同频共振。但目前就整个高校育人过程来看，更多的是教师以一种固化思维进行照本宣科的漫灌式教学，而学生则以一种观望心态进行自行其是的迎合式学习。在育人过程中，教师除了要关注学生的心理特征与情感需求，通过互动将其转化为富有人情味和生活化的课堂关怀活动外，还应重点消弭高校教师彼此间的信任差异与认知偏差，通过强化学生与教师和教学目标的趋同性，使高校大学生在互动中感受到在教育生态系统中相互平等及互尊互爱的状态。

（三）提升各主体间育人对话的融合性

能否在教育主体间建构一种相互参与、共同活动的融合性对话，使得彼此就对话内容形成一种价值共识与理念认同，是推动高校大学生将知识学习获得感转化为个体精神追求和价值确证的关键。为此，在课程思政实践教学方式上，除了传统的课堂说教外，需要更加注重育人主体双方对话过程中的经验分享和意义理解。教师可以通过主题演讲与辩论、名师访谈与讲座、学术竞猜与讨论、现场模拟与实践调研等对话互动形式，实现师生关系间双向的、思想的、语言的、情感的、精神的交流与碰撞。在对每节课程进行教学实践形式选择前，可以围绕着讲授时摆事实讲道理、互动时找共鸣求包容、交流时多引导促和谐，对本节课堂内容进行知识论证与教学设计，实现教师和学生彼此的自我解放与超越。

（四）增进各主体间育人情感的内生性

课程思政作为一种育人、育心、育德的综合性教育活动，需要通过情感层面形成主体对社会道德规范和公共价值观念的内化与践行。在具体的教学活动中，一方面可以对那些涉及高校大学生身体成长、智力发展、道德建设、审美提升等的情感需求与情感品质进行正向引导和培育；另一面也可以对教师在德行引领、知识解惑方面的教育情感体验和情感修养进行有力提升，让彼此都能够获得积极、丰富、舒适、融洽且稳定的情感体验，并最终形成教育者与被教育者和谐统一的发展状态。尤其是针对当前高校大学生思政教育过程中存在的对情感教育内涵及价值认识不足、情感教育形式与深度相对肤浅等问题，教师可以通过借助厚重的人文底蕴和正确的价值规范所派生出的特定社会情境，让学生对所处情景的认知上升到价值追问、意义探寻的高度，进而丰富个人情感世界的体验，提升个人情感生活的质量，升华个人情景内容的感悟，以及增加个人情感认同的深度。

（五）搭建协同平台

高校构建与实现课程思政育人模式，需要搭建协同平台。通过课程思政工作室、交流沟通机制、育人辐射圈等平台的搭建，实现学校课程思政育人模式的高效建设。高校建设课程思政工作室，需要整合教学资源，建设多学科联合的课程教学团队，以教师之间的协同育人与同向同行，为课程教学之间的协同效应提供保障。同时，高校需要在搭建协同教育平台的过程中，积极建设沟通交流机制，结合网络通信优势，组织教师共同成为课程思政微信交流群或QQ交流群的成员，在群内可以及时分享自身德育教学问题，及时共享思政教育元素。思政理论课程教师也可以通过平台为专业课程教师提供思政教育指导，促进课程思政教育功效充分显现。在此基础上，高校也需要构建以思政理论课程为核心，以其他课程为辐射的育人"同心圆"，也就是建设育人"辐射圈"，使思政课程有效引领其他课程进行思政教学，形成高校思政课程到课程思政的高质量育人圈层效应。

（六）完善保障机制

为实现课程思政育人模式的有效构建，高校需要针对课程思政完善保障机制。高校课程思政的实现会涉及错综复杂的改革问题，需要高校为其做好顶层设计，加强课程思政工作的统筹规划，完善与健全各方面的保障机制，以此为课程思政育人模式的高质量构建提供保障。例如，高校党委需要对课程思政建设的主体责任进行切实担当，党政领导班子需要切实进行指导，与各类课程教师一起备课听课，并走上讲台，为课程思政教育模式下的学生传大道、讲大势、上大课，加强课程思政的顶层支撑。同时，高校需要完善各项常态化机制，构建相对完善的领导机制、运行机制、管理机制、激励机制与监督评价机制等，为课程思政模式的构建与落实提供保障。同时，高校需要加强课程思政育人模式中的课程建设，严抓试点课程，对课程建设进行分步推进，使各类课程思政教育资源得到有效整合，为课程思政教学内容提供质量保障。同时，高校还要重视奖励机制的重要性，针对课程思政育人模式制定奖励机制，在职称评定与师资培训等方面应用奖励机制，提升教师队伍加强自身课程思政教育的积极性与主动性，构建高校全员育人的思政教育氛围，为课程思政育人模式在高校的有效构建与实现提供保障。

（七）打造融合式课程思政育人模式

随着教育体制的改革，高校建设更加离不开教学人才与教育资源的保障，以此来保证自身未来的发展。这样一来，可以持续性为社会输送高质量、高水平的人才，还能不断提升高校自身的教育能力。基于此，高校应该紧跟时代发展，呼应国家政策，根据自身实际的发展情况打造一个融合式的课程思政育人模式。

（八）借助校企合作

校企合作是一种优势互补的育人创新机制，将其作为课程思政改革的发力点，能够为高等院校技术技能人才的德育培养提供更为广阔的平台。育人模式由高等院校与合作企业共同实施，以基础知识应用、专业技能训练、岗位工作适应为主，加强学生职业道德、职业精神和工匠精神的培养。

（九）注重校校联合

高等院校与其他同类学校、应用型高校、普通高校的相关专业进行合作，将思政教育植入到课程共建、资源共享、学习交流、教学研究等教学与教研活动中，通过校际的协同与合作，弥补学校教学资源和教师教学能力的短板，推进课程思政教学改革的深入，提高教师课程思政教学能力，提升高等院校育人成效。

第三节　课程思政的内容体系

一、课程思政的内容解读

（一）课程思政内容的内涵

高校课程思政内容，顾名思义，就是用于实施高校课程思政的教育内容。关于高校课程思政内容的内涵，有两点需要特别强调：一方面，高校课程思政的内容依托于具体的课程内容，以课程内容为载体，与课程内容关联，属于课程内容的一部分，这就决定了课程思政内容具有鲜明的课程特色；另一方面，课程思政的内容属于隐性教育内容，不需要独立设置知识单元，不需要独立讲授，需要融入课程教学中，采取"润物无声"的方式，在潜移默化中达到育人效果。① 可见，课程思政的内容有两个条件：一是与所依托的课程内容保持基本一致；二是融入课程教学中，不"显山露水"。

（二）课程思政内容的特点

第一，形式多样性。在形式上，高校课程思政内容显示出多样性的特点。其一，从选材上看，可以是著名人物、著名事件及贴近课程内容的其他具有思政元素的内容；其二，从篇幅上看，可长可短，可以是一句名言、一首诗歌、一首民谣，也可以是一个故事；其三，从形态上看，可以是文本，可以是图片，也可以是视频、音频，甚至可以是实践活动。

第二，设置灵活性。在设置上，高校课程思政内容显示出灵活性的特点。其一，课程思政内容可以设置在课前，作为预习或导入的内容；其二，课程思政内容可以设置在课中，作为拓展或引申的内容；其三，课程思政内容也可以设置在课后，作为总结与探索的内容。另外，课程思政内容也可以作为实践环节的内容，以增强学生的体验，帮助学生通过感性认识深入理解相关理论问题。

第三，组织有机性。在组织上，高校课程思政内容显示出有机性的特征。课程思政内容与课程内容的组织，既不是简单的机械组合，也不是硬生生地嵌入，而是有机融入。也就是说，课程思政内容与课程内容要"长"在一起，成为课程内容的一部分，这样，课程思政内容才不会显得突兀，才会发挥其功能。

二、课程思政内容的生成

（一）课程思政内容生成的素材采集

1. 纵向：面向学科发展史采集素材

每门课程的学科知识内容都有着清晰的发展沿革历程，其发展沿革的内容构成了学科发展史。在学科发展史上，出现过的著名人物、著名事件、富有寓意的小故事，甚至名言歌谣，都可以作为高校课程思政内容生成的素材。教师要本着"古为今用，洋为中用"的原则，广泛采集素材，可以在国外著名人物、著名事件中，提炼思政元素，用于生成课程思政内容。我国古代人民创造了辉煌的文化，留下了大量文化遗产，可以从古代名人和古代典籍中，采集生

---

① 罗仲尤，段丽，陈辉. 高校专业课教师推进课程思政的实践逻辑［J］. 思想理论教育导刊，2019（11）：138-143.

成课程思政内容所需的素材。例如，医药类课程可以从扁鹊、华佗、张仲景、孙思邈、李时珍等名人身上采集素材；工程技术类课程可以从北魏贾思勰的《齐民要术》、宋代沈括的《梦溪笔谈》、明代宋应星的《天工开物》等科学技术典籍中采集素材。

2. 横向：面向知识应用及影响采集素材

每门课程的内容都有其应用价值和应用范围，并在应用过程中产生一定的影响，这些应用以及影响，都可以作为高校课程思政内容生成的素材。在采集这类素材时，可以从范围的大小入手，有选择性地进行素材采集。一般来说，素材范围从大到小分别是课程内容在造福人类方面的应用及影响、课程内容在国际竞争中的应用及影响、课程内容在行业发展中的应用及影响、课程内容在个人发展中的应用及影响。以医药类课程思政内容的素材采集为例，在造福人类层面，可以将课程内容中对人类战胜疾病具有重大意义的范例、热点及焦点作为素材。在国际竞争方面，可以从社会主义核心价值观角度出发，采集能够引导学生发扬爱国主义精神，自立自强，报效祖国的素材。在行业发展层面，可以结合行业或专业伦理，挖掘素材。需要强调的是，结合专业伦理采集课程思政内容所需素材特别重要。在个人发展层面，可以结合个人的职业生涯规划，个人的人生价值实现，如要扎根基层、奉献青春等来采集素材。

（二）课程思政内容生成的基本原则

与思政课程等一般课程不同，课程思政不是一门单独的课程，而是要依托于具体课程才能实现，因此，高校课程思政内容的生成，要与具体课程紧密相连，且遵循以下原则。

1. 要点吻合原则

课程思政内容依托于具体课程内容，所以，课程思政内容要点要与具体课程所蕴含的思政教育要点保持吻合。也就是说，课程思政内容的生成要基于具体课程内容中思政元素的挖掘，而不是生造。

2. 内容契合原则

课程思政内容可以是具体课程内容的衍生，也可以是激励、拓展、引申、总结、探索、体验等内容，但一定要与具体课程相关联，有一定的契合，不能与具体课程内容出现较大偏差。例如，旅游管理类课程中，以红色文化资源作为课程思政内容，要将内容定位在革命精神层面。

3. 有机融合原则

课程思政内容要与具体课程内容有机融合，要以合理的方式将课程思政内容放置在适当的位置，做到课程思政内容与具体课程内容紧密衔接、自然过渡。

（三）课程思政内容生成的基本流程

一般来说，高校课程思政内容生成的基本流程有如下几个方面。

第一步，挖掘思政元素。审视课程内容体系，发现具有思政教育潜力的内容，包括蕴含理想信念、社会主义核心价值观、文化自信、工匠精神等思政元素的内容，进行思政元素挖掘。[①]

第二步，采集内容素材。通过学科发展史、知识的应用及影响，围绕挖掘的思政元素，采集内容素材。

第三步，素材内容匹配。将采取的素材与具体课程内容匹配，这里的匹配有两点要求：一是素材的思政要点与课程内容蕴含的思政要点匹配；二是素材内容与具体课程内容相关联，对素材要做到有所取舍，择优而上。

第四步，改造素材内容。将素材内容进行改造，使其与具体课程内容有机结合，成为具体课程内容的有机组成部分。这个改造可以是内容的删减、重组，也可以是内容形态的变化，如选用文本，还是选用图片、视频、音频以及实践活动等，这个环节也是课程思政内容生成的最终环节。

三、课程思政内容体系的构建

（一）专业要素维度

1. 人的要素

专业领域的著名人物、劳动楷模、身边的优秀师生和校友典范都是很好的课程思政育人元素，从这些人物身上，可以引导学生树立正确的人生观和价值观。

2. 物的要素

各专业都有一些特定的、客观存在的事物，即是这里所谓的"物"。对这些物的巧思妙用，往往是课程思政内容体系构建的途径之一。

3. 事件要素

历史事件、社会热点事件都可以很好地植入课程，发挥育人功效。特别是社会热点事件更是可以引起学生的广泛关注、积极探讨，起到事半功倍的课程思政效果。

---

① 程舒通. 职业教育中的课程思政：诉求、价值和途径［J］. 中国职业技术教育，2019（5）：72-76.

（二）德智体美劳教育维度

德智体美劳是对人的素质定位的基本准则，也是人类社会教育的趋向目标，智育是专业课程的基本目标，通过智育授予学生系统的科学文化知识和技能，发展他们的智力和与学习有关的非智力因素。德育是思政课程和课程思政首要解决的问题，培养学生正确的人生观、价值观，培养学生具有良好的道德品质和正确的政治观念。然而，课程思政的内涵不仅仅是德育，它需要通过体育来培养学生的意志力，增强他们的体质，传授给他们健康生活的基本知识；通过美育来培养学生的审美观，发展他们鉴赏美、创造美的能力，培养他们的高尚情操和文明素质；通过劳育给学生灌输正确的劳动观念，使他们掌握基本的劳动技能。

当前的课程思政元素挖掘普遍集中在德育方面，因此需要巧妙构思，加强人文素养在理工科课程中的融入；通过课程实践、实训环节树立学生的劳动品德，锻炼学生意志，增强学生体质。课程思政内容体系，应该是德智体美劳全覆盖的。

（三）第一课堂+第二课堂维度

第一课堂是专业教育的主战场和主渠道，而第二课堂则是第一课堂的重要补充和完善。第一课堂和第二课堂的有机结合，是实现协同育人的有效途径。课程思政对学生的育人效果需要到第一课堂之外的更广阔的领域加以检验和升华；而第二课堂更为丰富的教育形式和教学内容，又为课程思政提供了更充沛的育人资源。

第二课堂以学生为主导开展，学生的自主性、能动性和开创性是课程思政育人效能的助推剂和催化剂，在社会实践中亲身获得的体会和感悟更能触及灵魂、深入人心。因此，课程思政内容体系的构建应当将第一课堂和第二课堂统一起来，真正实现"三全育人"。

（四）产教融合维度

从国家教育发展"十三五"规划到国民经济和社会发展"十四五"规划，从《关于引导部分地方本科高校向应用型转变》到《统筹推进世界一流大学和一流学科建设总体方案》，产教融合始终作为一项重要的内容被反复强调，这注定成为高校课程思政建设中不可回避的现实背景。

产教融合为课程思政提供了更大的平台载体，它丰富了教育主体、教育内容和教育形式，但同时也带来诸多新的挑战。学校和企业的教育主体的双重性，影响了课程思政的连续性，学校与企业对思政育人的不同态度，将导致课程思政的衔接断裂；学生+员工的教育客体的双重性，弱化了课程思政的实效性，学生在面对学校和企业之间不同的价值取向转换时，容易产生迷失和困惑。在产教融合的背景下，课程思政较之以前将处于更多维、更复杂的环境下，因而其风险性增大、可控性减弱。因此，在高等教育产教融合的时代背景之下，如何融通校企，如何防止思政断层，是课程思政建设亟待解决的问题之一。

然而，任何事物总是具有两面性，产教融合虽然给高校课程思政带来了诸多挑战，但同时也带来了丰富的思政资源。我们要打破原有的狭隘思维与体制藩篱，将校内外教育资源和形式融合起来，充分挖掘和社会、行业、企业育人资源，特别是发挥劳动育人、企业文化育人、职业道德育人、行业楷模育人的优势，多课程协同、多教学模式协同，构建系统化的课程思政的内容体系。

（五）地域维度

中国幅员辽阔、历史悠久，不同地域形成了不同的地域文化。浓郁的地方特色文化可以给学生营造出沉浸式的感悟体验，让学生不仅听从老师的思想引领，更是耳濡目染，润物于无声中。学生对此会更有认同感，更能激发他们的家国情怀。因此，地方特色文化是课程思政内容体系中不可或缺的重要组成部分。

第四节　课程思政的建设路径

一、强化课程思政教育改革的理念认同

课程思政改革关涉面广且任务艰巨，需要各方人员协同一致。一方面，按照中共中央和国务院印发的《深化新时代教育评价改革总体方案》等文件要求，切实纠正长期以来片面强调以知识技能等为主而忽视德育的做法，补齐重教学、轻育人的短板，坚决克服重智育轻德育、重分数轻素质、重教书轻育人等行为，把认真履行教育教学职责作为评价教师的基本要求，切实提高教育治理能力和水平，加快推进教育现代化。另一方面，要强化"全员育人"理念，科学认识和把握思政教育工作的重要地位，切实将育人铸魂作为教育改革的根本旨归，通过挖掘各群体、各岗位的育人元素，整合各方育人力量，努力形成

育人工作合力。全体干部、教师和职工都要自觉承担起正确价值引领和优秀品质塑造的育人职责，把促进学生健康成长作为学校一切工作的出发点和落脚点，把育人工作渗透到知识传播、行政管理、生活服务等各项工作中，落实到全体教职员工的具体职责规范中。

二、完善课程思政教育改革的规章制度

课程思政改革使命光荣，任务艰巨，高校必须立足新时代，统筹规划，科学制定行之有效的规章制度，才能确保课程思政的顺利进行和见功见效。一方面，学校领导班子要深入到课程思政第一线，要进课堂、进宿舍、进食堂，引导学生在坚定理想信念、厚植爱国情怀、加强品德修养、增长知识见识、培养奋斗精神、增强综合素质上狠下功夫。另一方面，优化管理评价机制。学校教务主管部门要统筹教育资源，强化思政课主渠道作用，梳理各专业课程蕴含的思政教育元素，分学科拟定课程思政方案和评价标准，同时加强示范课程、试点课程和培优课程的建设，以有效推进育人与专业知识体系教育的有机统一。

三、提升高校课程思政教育改革的师资质量

教师作为教育的组织者和执行者，在推动课程思政建设方面发挥着重要作用。"课程思政的提出，打破了专业教育与思政教育的育人壁垒，使课堂教学由知识场、技能场、工具场转化为生命场，以价值引领、能力培养、知识传授的三维育人目标重焕教学活力。"[1] 课程思政需要的是润物无声的融合方式和感染形式，这就需要教师将传道、授业、解惑与做人、做事有机结合。一方面，高校主管部门要通过组织培训、检查督导、学科竞赛等形式营造起大思政的育人氛围，引导广大教师牢固树立"以德立身、以德立学、以德施教"意识，做到"教书和育人相统一""言传和身教相统一""潜心问道和关注社会相统一""学术自由和学术规范相统一"。同时，通过教务处和马克思主义学院定期组织相关专业课教师与思政课教师进行学术研讨，这样既可以帮助专业课教师提炼学科思政元素，又有助于思政课教师结合学生专业进行有针对性的思政课分类教学，从而达到"专业课教师与思政课教师、专业课教师与学生、思政课教师与学生之间的知识、技能、价值、信仰的良性互构，专业知识与思政资源的交互融通"。[2] 另一方面，广大教师也应该增强学习马克思主义理论

---

[1] 张兴海，李姗姗. 高校课程思政改革的"四论"[J]. 中国高等教育，2020（C2）：7-9.

[2] 张正光，张晓花，王淑梅. 课程思政的理念辨误、原则要求与实践探究 [J]. 大学教育科学，2020（6）：52-57.

的自觉性与主动性，将思政课相关理论学习落实到具体的日常工作生活中。

四、优化课程思政教学质量

高校课程思政教育质量很容易受到各种因素的影响，面对的课程思政教学环境比较复杂。在这样复杂的教学环境和教学系统中，教师要积极贯彻落实大思政教学理念，通过本课程专业教育结合实践活动，把社会、家庭和校园三者紧密结合在一起，共同消除在课堂上对教学质量产生影响的负面因素，把各个积极影响因素结合在一起，在整个高校范围内建立课程思政教学实践模式。

五、发挥学生的主体作用

为了有效地提升育人实践课堂的开展质量，需要学生参与其中支持该课程的开展，学生群体能够配合高校的教育工作，从而形成更加有效的课程思政教育育人模式。高校教师在本课程开展思政实践育人模式之前，首先需要做好一些工作，如定期开展本课程专业知识与思政元素相融合的一系列讲座，不断加强学生对课程思政教学工作开展重要性的认知。同时，引导学生认识到课程思政教学工作的开展能帮助自己塑造更好的人格修养，督促学生不断成长为社会的栋梁之材。

六、明确课程思政教学内容

高校教师要配合相关教育工作部门加强对高校课程思政教育的改革力度，完善教育内容，把高校课程思政教育资源充分利用起来，明确课程思政教育内容，要以培养学生正确的人生观、发展观和价值观为重要基础，根据当前高校学生的实际发展情况，为学生营造出和谐的成长环境。高校课程思想政治教育还要根据当前的教育改革要求，在教学中把思政元素有效融入课程专业知识的教学中，既能贯彻落实本课程教学内容，又能达到思政育人的效果，满足当代高校学生的持续发展要求。

七、丰富课程思政教育方法

在大思政教育理念的引导下，采用更加科学合理的教育方法，能够有效提升教育质量。① 因此，要解决在传统教学中出现的重理论教育、轻实践活动的

---

① 陈龙. 大思政视野下高校思想政治教育实践育人模式及其价值 [J]. 青年与社会，2018（36）：158-159.

问题，还需要改善传统教育观念，采用更加丰富和多样化的教育和引导手段，把理论知识传授和实践能力培养结合在一起，提升课程思政教育质量。因此，在教学实践当中，需要恰当地增加学生可以亲自参与其中的、与思政相结合的活动，通过活动使学生在掌握本课程专业知识的同时接受思政教育。要根据学生的学习需求不断完善实践课程思政教育内容，确保课程与思政教育工作相结合的实际效果。

八、健全高校课程思政保障机制

要使课程思政长期有效地发挥育人作用，离不开学校各个部门的统筹规划。

1. 高校各个部门相互配合，做好课程思政的人力保障

高校各部门要相互配合，做好顶层设计。高校党委应切实担负起主体责任，除了做好统筹规划工作，还要深入课程思政第一线；教务处应统筹教育资源，拟定课程建设的规范和思政教育课程的评价目标；人事部门要制定相应的激励机制，将课程思政作为人才引进、师资培养、职称评审等方面的考核标准。

2. 高校要积极打造"互联网+"平台保障

要使课程思政最大限度地发挥育人的功能，高校需要打造师生学习、资源共享的网络平台，如将课程思政以专题的形式纳入高校慕课学习教学平台，各个院系、各科教师，各专业学生都可以通过学校打造的慕课专题课程，共享课程思政线上资源，为各类课程实施课程思政教学创造分享、交流的机会。

3. 学校要加大经费投入，加强课程思政经费保障机制

高校实施课程思政一般不需要购买专门的教学设备，但是一定的经费保障是课程思政顺利实施的重要条件。因此，学校要做好课程开发、科研项目、教师课程思政相关培训等各种经费的预算。

九、构建科学的课程思政效果评价机制

课程思政效果评价机制是保障课程思政育人目标得以落实的有效手段。因此，必须构建科学的课程思政效果评价机制，包括界定课程思政评价要点、设定评价种类、选择评价策略等。

1. 明确效果评价的侧重点

课程思政效果评价不是简单地对思政教育效果的单一评价，而是要根据课程思政"三位一体"的教学目标进行综合评价，评价侧重点应主要放在知识

传授、能力培养和思政育人的效果上。

2. 评价主体多元化

评价主体是否客观公正，影响着评价结果的准确性。课程思政育人效果的评价主体不应只是课程授课教师，还应包括学校管理者、学生工作者、学生和第三方评价机构等。高校应构建包括课程思政授课教师、思政课教师、学生工作者、学校管理者、学生、第三方评价机构等多元主体广泛参与的评价机制，确保评价结果的客观公正。

3. 确定科学的评价种类

课程思政育人效果的评价不是简单的课程结果评价，应是全方位、全过程的评价。要想客观评价课程思政育人效果，需要确定课程思政效果的评价种类，包括过程性评价、成果性评价和学生发展评价三大类。

4. 选择合适的评价策略

评价策略的选择关系到课程思政评价结果的客观性，应针对不同的评价目标和种类，选择合适的评价策略。一般情况下，过程性评价可以采取线上问卷调查、小测验、督导现场观察等评价策略；成果性评价可以采取查看课程思政实施的标志性成果材料等方式；学生发展评价可以以跟踪记录大学生接受课程思政教育后在自身行为改变方面的变化程度等形式展开。

第四章　新时代普通高校武术课程思政的
价值内涵与实践路径

武术作为中华民族传统文化的载体，其中所蕴含的厚德载物、自强不息的民族精神以及尊德重礼、立德事功的人文精神与课程思政理念所倡导的意识形态有着高度的同构性，对推进课程思政建设具有不可忽视的作用。我们要重视武术教育，将武术中所蕴含的优秀传统文化资源，转化为弘扬和培育民族精神、坚定理想信念和落实道德教育的真正力量，让学生承担起社会主义建设者和接班人的重任。本章主要对新时代普通高校武术课程思政的价值内涵与实践路径进行了论述。

第一节　新时代武术文化的内涵

一、促进人体自身和谐统一的特殊技术体系

从训练思想而言，受中国文化整体观的影响，中华武术惯于从整体出发思考问题。具体到力量训练而言，中华武术的传统训练方法是把重点放在训练人体的整体协调能力上，通过调动身体各部位的协同发力来获得完整如一的劲力。从现代力学角度剖析，击打效果取决于自身能够发出的击打力量和接触瞬间的击打角度两个因素，而自身能够发出的击打力量取决于质量、速度、击打时间三个因素。在出拳或出腿的速度足够快，击打时没有缓冲（即击打瞬间速度的变化足够大）的前提下，要想更进一步提高击打力，就要提高前冲的质量。只有用上整个身体的瞬间前冲力，整体协调发力，而非单纯的手臂或腿发力，才能够更大限度地提高击打力，这就需要整个身体协同发力的能力。

综上所述，武术技术中的套路运动形式、绵缓运动形式、桩功练习形式等技击训练的辅助手段，是促进身体整体协调的关键点。由此，武术成为一项促

进人体自身和谐的运动文化。

二、关注人际和谐的技击文化

中华武术的习练者在历史发展过程中不断使武术"文"化，使其具备了和谐文化因子，从而彰显出人文关怀。这主要体现在武术的精神内核、技术特色和技术发展趋向三方面。

1. 中华武术关注人际和谐的外显特色——防卫型文化

中国文化是一种注重和谐、爱好和平的防卫型文化。

作为文化载体的传统武术，具有同样的防卫型文化特色。各类拳种都不主张逞强挑衅，以防卫为目的，十分强调武德，其中一些拳种还提出了"以静制动、以柔克刚"的防卫型技击理念。

2. 中华武术技术发展趋向所体现的人文关怀

中华武术的技术发展趋向，是以粘连型技法为主的比武较技模式，如太极推手、中国式摔跤等。

武术的很多拳种基本包括摔法、拿法、推法等粘连型技法，但太极拳将其发展到了极致，其核心技法——掤、捋、挤、按、采、挒、肘、靠，基本上都属于粘连型技法。从发力方式的角度，太极拳之所以是中国文化特色甚浓的拳种，是因为其主干技法以粘连型技法为主的缘故。以此为依托而产生的太极推手，完全是劲力的交流、智慧的较量，无需护具，突出体现了"以巧斗力"，体现了人文关怀。

三、展现人与大自然和谐的生态文化

中华武术所蕴含的人与自然和谐统一的思想，首先体现在像鹰爪拳、螳螂拳、豹拳、虎拳等各类象形取意的拳种方面。其次还体现于很多拳种都以大自然中的万事万物为中介命名动作，通过意境假借来训练整体协调能力。武术的众多拳种都深刻揭示了武术与大自然的和谐统一关系。

从技击角度，这种意想假借调动起更多的肌群参与运动，使整个动作更加自然、协调、有生气。而从人与自然和谐的角度，这种意想假借无疑可以将人带入各种绘声绘色的自然情境之中，使单纯的肢体动作变成了生动逼真的自然景象，形成了人与自然的和谐统一。

第二节　新时代武术课程思政的教育价值

一、立德树人

在课程思政大背景下，武术课程思想是与课程思政相契合的。中华民族优秀传统体育文化源远流长，博大精深，而武术是我国民族传统体育项目重要的组成部分。体育课程是高校通识教育主要公共科目，而武术这门课程也是高校体育课程的重要组成部分，是传播中华民族文化的基本途径。武术有武术的礼仪，"未曾习武先习德"，武德包括爱国、爱家等丰富的思政内涵。在武术课程教学中，教师会把武术礼仪教给学生，培养学生尊师重教、文明守礼等传统武德。我们的教育目标，不仅仅是培养具备丰富的理论知识和高技能的专门人才，还需要培养德才兼备的社会主义建设接班人。高校体育对落实立德树人根本任务有着得天独厚的优势和不可替代的作用，挖掘武术教学思政教育元素并融合到体育课堂教学的各环节，使体育课程教学能够增强学生体质，促进学生身心健康，使学生树立正确的世界观、人生观、价值观。

二、传承和发扬优秀传统文化

武术是我国经典的传统文化之一，在课程思政的背景下，武术教学课程思政就是天然的思政载体，它能以传统为根，铸现代之魂来教育和培养新时代青年。

随着时代的快速发展和进步，我国的武术已经逐步走出国门，踏上世界文化的大舞台。因此，我们一定要坚持武术文化自信，使大学生树立文化自信的意识，勇挑传承和发展我国传统体育文化的重担，把具有优秀民族传统体育礼仪文化、民族精神的武术运动传承好、发展好，增强新时代大学生的文化自信，为中华民族的伟大复兴增强中国力量。

三、培养家国情怀

教师通过武术课堂教学，对学生进行武术理论知识和基本技术的教育，使学生了解我国武术运动的起源和发展概况。武术发展过程中形成的武舞搏斗、军事武术、军旅武艺、器械武艺等知识，具有丰富的思政元素，如自强不息、团结拼搏等。古往今来，无数的英雄人物如霍元甲、岳飞等的事迹家喻户晓，这些杰出的典范也为新时代大学生植入了爱好和平、保家卫国、自强不息、顽强拼搏的民族精神，"史为今用"已深入学生脑海。近代史上的中西武术交流更是厚植了大学生的爱国情怀，增强了大学生的家国情怀和使命担当精神。

在中华民族上下五千年的历史发展过程中，千千万万的民族英雄人物以保家卫国为信仰，充满了不畏强敌、勇于战斗、坚韧不拔的性格品质。作为新时代的青年大学生，应该立足新时代的起点，领悟在历史故事中蕴含的民族精神，树立责任感和使命感，传承民族传统体育文化力量，为中华民族伟大复兴添砖加瓦。

四、培养吃苦耐劳、顽强拼搏的品质

俗话说，"台上一分钟，台下十年功"。无论哪门技术，要想熟练地掌握，都是经过"冬练三九，夏练三伏"得来的。武术运动中的一招一式的功夫都必须付出艰辛的劳动。实践证明，学习武术，练就一身高强的武艺，必须持之以恒，历经千辛万苦。武术教学课程思政，能培养学生正确的价值观，厚植学生坚毅刚强的优秀品质。

五、规范行为意识

武术是我国优秀的民族传统文化，随着全民健身运动的普及和推广，高校将武术列入体育课程教学的内容，这不仅丰富了高校体育课程教学的内容，还为课程思政背景下的课程思政带来了重要的载体。武术教学跟他运动项目一样，都蕴含了我国丰富的儒家思想。体育课程教学中，教师都会教育学生懂得最基本的礼节，教师会把武德、武规和武训等诸多元素融入基本技术的教学中，从而培养学生修身养性、遵纪守法，提升自身的行为规范。如行抱拳礼代表着谦虚、友善，知礼、守礼等，这与我们的课程思政教育不谋而合。

六、培养终身体育意识

部分高校体育实行俱乐部教学这一重要举措，充分体现了学校体育课程改革是以人为本的人性化制度的具体表现，大学生可以根据自己的身体条件以及兴趣爱好，选择自己喜欢的项目内容进行学习。老师实行体育选项课教学，除了贯彻学校体育的教学目标——增强学生体质，促进学生身心健康以外，培养学生掌握几项终身锻炼的运动项目也是高校体育实现体育选项课教学的目标之一。同时，俱乐部教学还是培养学生树立终身体育意识的重要途径和方法。武

术属于民族传统体育项目，一般高校体育开设的项目大多是五步拳、初级长拳、太极拳、太极剑、八段锦等，这些体育项目的运动不受场地器材以及其他设备等因素的影响，普及性广，只需一块空旷的场地就可以进行练习，运动强度也属中等，安全系数大。在学校选择武术运动项目的学生普遍较多，因此，武术运动项目已成为终身体育运动中热门的运动项目之一。

第三节　武术课程的思政元素与价值内涵

一、武术课程的思政元素

（一）武德的融入

对于武术课程而言，其核心在于武德教育。在学习过程中，其重点内容在于提高学生的技能，主要作用在于体现出课程的思政价值。"未曾习武先习德"，在高校武术课程教育的过程中，要加强建设武德。例如，行抱拳礼，通过该礼仪来展现出谦逊礼让的人格特征。这样的仪式感会给学生带来重要的影响，让学生循序渐进地形成良好的品格和修养，并且让学生感受到武术中的文化。当然，教师自身的行为举止也会对学生产生重要影响，所以教师必须发挥示范作用。武德教育和课程思想的育人要求，二者是相互联系、相互影响的，所以把思政教育引入武术教育中，体现了课程思政的核心价值。

（二）民族精神

相对其他体育运动项目，中华武术的特殊价值在于其更利于弘扬和培育民族精神，特别是其技击对抗运动形式是培育学生刚健自强精神的实践途径。通过武术课教学可以使广大学生坚韧不拔、迎难而上、奋勇拼搏，充满阳刚之气。

（三）武术理论知识

武术文化类型丰富，且博大精深。但就部分大学生来看，他们并不理解武术理论知识。而对于教育而言，其核心任务就在于传承知识和培养优质人才。要提高实践能力，就必须具备丰富的知识。因此，在教学中，教师要重视给学生传授丰富多样的理论知识，使学生了解武术的文化内涵；引导学生学习武术文化，了解武术思想，这样才能够发挥出思政教育的作用。即在武术课程思政建设过程中，保持品德教育和身体锻炼及健康增进之间的高度统一性。①

（四）武术电影

通常情况下，人们把武术电影叫作武侠电影或动作片。在我国的电影中，武术电影是非常重要的构成类型，其核心在于中华武术技艺表演，既蕴含着武术文化，同时又体现着爱国热情。例如，一代武术宗师李小龙，通过武术的传承与发扬，让更多人了解武术，锻炼不怕苦不怕累的精神等。在武术教学过程中，给学生引入这些题材的电影，让学生感受其中的文化精神与内涵，从而培养他们的爱国主义情怀。

（五）儒家思想

在我国的传统文化中，儒家思想发挥着主流作用，我国的武术就是把武的思想和儒家思想融合在一起而产生的。武术不仅能够增强人的体魄，其文化价值也是不可忽视的。中华武术强调内外兼修，针对高校武术课的教学来说，引入思政内容是非常关键的，培养学生通过武术学习形成爱国、诚信、进取、自强的卓越精神，建立正确的体育与健康价值观和社会责任感。

（六）武术的拳种类型

武术的拳种丰富多样，如长拳、少林拳等，不同的拳种有不同的演练方式。以长拳为例，在练习的过程中，动作必须灵活，出拳速度要快，并且要有一定的力度，节奏感较强。这也就要求教师在教学中，要引入"务实"这一重要的思政元素，要让学生学会脚踏实地，而不是眼高手低。

（七）武术谚语

武术谚语是对武术的实践化结果进行高度整理和归纳。"未曾学艺先学礼，未曾习武先习德"，"滴水穿石，日进有功"，均揭示武术基础之重要性。"冬练三九，夏练三伏"，"若要功夫好，一年三百六十早"，充分体现了要练好武术，必须得吃苦。总而言之，武术谚语至关重要，通过学习这些武术谚语，能够让学生了解武术的内涵和文化价值，让学生形成良好的意志力。

---

① 赵富学."立德树人"视域下体育课程思政建设的学理要义与践行向度研究 [J]. 北京体育大学学报，2021，44（3）：72-81.

（八）竞赛规则

对于武术教学来说，武术竞赛规则的学习也非常重要，规则的重点在于强调公平、公正和公开。所以，教师在教学的过程中，要引导学生学会遵守规则，而这种规则不仅体现在武术学习中，也应该贯穿在生活和学习中。

（九）家国情怀

家国情怀是众多习武者最高层面的追求，往大处说，可以奔赴疆场、精忠报国；往小处讲，可以行侠仗义、见义勇为。这些都体现了武术课程的思政元素。

二、武术课程的价值内涵

（一）贯彻社会主义办学方向的客观要求

新时代，我国的教育事业必须坚持社会主义办学方向。首先，要坚持马克思主义指导地位，坚持党的领导，坚持中国特色社会主义教育的发展道路。其次，要把立德树人的根本任务放在教育事业的第一位，中国从古至今都秉承以德服人、以礼交友、尊师重道、尊老爱幼。武术作为传统体育项目之一，其中蕴含的爱国、包容、进取、知行合一的精神正是武德文化的价值所在，是学校体育课程中不可缺少的传统课程项目，在学习过程中具有重要的教育功能，可以使学生树立正确的世界观、人生观、价值观，与当前国家提出的课程思政教育理念相契合，因此，大力建设高校武术课程思政，提高高校师生的道德修养水平，是贯彻新时代教育事业社会主义办学方向的客观要求。

（二）落实立德树人根本任务的主要内容

武术文化以德为先，继承了我国的优良传统。武术的道德观念也包含了自强不息、厚德载物等积极的人生态度。在学习武术技能的同时，汲取武术中蕴含的"谦卑有礼""以德服人""尊师重道"等优良品德，对于高校学生思想道德的提升有着很大的帮助，有利于培养学生的大爱情怀，也为高校落实立德树人根本任务奠定了基础。

（三）推动传统文化进校园的必然选择

大学生是祖国和社会未来的建设者和接班人，是民族文化的传承者，是国家的未来和希望，是建设中国特色社会主义的基础与保障。所以，对学生进行民族精神的教育，直接关系到国家和民族未来的发展。要让大学生关注、认识、了解、传承武术文化，就要从学校教育入手。高校武术课程开展的意义在于促进武术运动的继承和发展。新时代教育背景下课程思政理念的提出和创新无疑是高校武术课程思政建设的最好时机。课程思政教育理念给武术课程改革提供了契机，而武术课程给课程思政教育理念提供了可以实施的载体，两者相辅相成，互相成就。只有将高校武术课程做好，做强，才可以更好地推动传统文化进校园，让更多学生了解武术文化及其内涵。

第四节　普通高校武术课程思政建设的教学现状

一、思想认识不到位

高校只有从思想上深刻意识到武术课程思政实施的重要性，才能在实际行动中体现出来。但从实际来看，高校开展武术课程教学，更侧重对学生的武术技能进行培养，对思政教育较为忽略，更别说对武术课程蕴含的思政元素进行挖掘、运用，以及组织和开展丰富多样的思政实践活动了，这些问题对武术课程思政的实施带来了极大影响，也不利于武术课程思政教学效果的提升。①

二、武术教材的思政内容有待完善

武术教材是武术课程思政建设的核心组成部分，不仅是学生系统学习、掌握知识的主要材料，也是教师安排教学内容的主要依据。当前，武术教材内容过于简单，武术理论主要围绕武术的概念与特点进行阐述，武术运动技能套路没难度、没坡度、没深度；高校武术教材陈旧，武术教材中的理论知识大都是武术的含义和价值等内容，对武术中的文化精髓、武德内容等涉及较少，不利于学生对思政教育的深入理解与感悟。

三、武术课程的思政教学目标不明确，教学方法过于传统

教学目标是教学活动的出发点和落脚点，在整个教学过程中发挥着核心指

---

① 崔高峰，李晓静. 高校武术课程思政教育教学实践的探索研究 [J]. 中华武术，2022（1）：65-67.

导作用。① 武术课程思政的教学目标不仅是武术理论知识和武术专业技能的传授，还是将价值塑造、知识传授与能力培养三者融为一体的育人总目标。然而，多数学校在武术课程教学实践中，更加注重对技能和理论等课程目标的实现，忽视了寓于目标中价值塑造的思政要求，这就造成了武术课程教学目标的不平衡现象，教学目标中的育人特性不能展现，教学目标实施的效果也差。

合理的教学方法是提高教学质量的重要环节。随着经济社会的不断发展，教学方法也在不断升级，但在多数武术教学课程中仍采用传统教学方法，一成不变的教学模式限制了学生的想象空间，学生通过接受教师对动作的讲解，模仿教师的动作，教师对动作再纠正的方法来了解、掌握、学习武术。尽管这种以教师为主导的单向灌输式的教学方法能够快速完成一些显性、具体的教学任务，并在过去一段时间内成为教学方式的主流。但随着高校教育的快速发展，其弊端也在不断显现，具体表现为难以发挥课程思政的育人作用，教学方法缺乏创新，难以与新时期的教学任务和教育理念相结合，学生难以理解武术更深层次的涵义与思政价值。同时，传统的教学方法使教学过程缺乏特色，不利于提高学生的学习积极性，难以调动学生的积极性和主动性，使学生缺乏对课程思政教育的主观感受。

四、武术教学形式的创新有待继续

大部分学校没有明确的德育目标，实际武术教学中没有考虑到学生的身心特点，导致武术教学仍沿用以讲解、示范、练习、巩固、提高为主的传统教学方法，强调动作技术的学习而忽略道德教育。武术课程思政教学目标要求教师将武术中所蕴含的理论知识、价值观念和精神追求与武术技术结合起来，内化于学生的知识体系中，潜移默化地影响学生的思想意识和行为。显然，传统教学形式仅适用于武术技能教学，提升学生学习的积极性，难以满足课程思政建设的要求。

五、武术课程教学设计不够完善

自 2020 年教育部印发《高等学校课程思政建设指导纲要》以来，近几年，各高校相继推出了有关高校课程思政建设的指导性文件，将高校课程思政建设推向热潮。当前，大部分高校开展武术课程思政的途径主要集中在鼓励教

---

① 徐成立，罗秋兰，孙军，等. 高校体育课程思政建设现实困境与优化策略［J］. 体育文化导刊，2021（9）：98-104.

师积极参与课程思政示范课、强调在各级各类课程中融入武术思政元素、以讲座的形式进行课程思政的宣讲等，但并未将指导性文件的内容具体细化至武术教学大纲如何制定、教学过程如何实施、教学效果如何评价上，也没有将思政教育融入武术课程建设的各环节，形成自上而下、团队协作的武术课程思政教学体系。同时，对武术教师的课程思政教学培训也较为单一，进而导致武术教师"无从下手""各自为营""摸着石头过河"的情况出现，使武术课程思政的育人效果大打折扣。

六、实践体验欠缺

高校开展武术课程思政教学，主要是让学生对武术课程蕴含的思政教育内容进行学习后，指导、约束和规范学生的思想和行为，并促使学生朝着更好的方向发展。而要取得这一效果，除了要重视武术课程思政教学以外，还要围绕实际教学内容，组织各种实践体验活动，让学生在自主实践操作中，更好地领会教学内容中所蕴含的武术精神，并在自身学习、生活和工作中主动践行。从实际来看，在高校武术课程思政教学中，学生获得实践体验的机会非常少，无法促使理论知识演化为实际行动，武术课程思政教学效果也明显降低。

七、武术课程思政教学环境有待改善，思政元素挖掘不充分

随着时代的不断进步，教学内容和形式虽有所改变，但教学环境对于教育的影响始终是十分重要一环。良好的教学环境会对武术课程思政的实施产生积极影响，在一定程度上对学生良好品德的树立起到推动作用。然而，大部分武术课程思政教学在教学环境方面面临重大压力，首先，在武术技能练习环境方面，武术场馆的室内环境装修缺乏武术氛围，缺少武术相关元素和文化衍生品；其次，部分高校缺少室内场馆和器材，无法满足武术全部课程的教学需要，影响教学目标、教学计划的实施和教学效果；最后，在武术的音乐和服装上，未能与武术的特性相结合，容易造成武术课程枯燥，缺乏新意，缺少武术文化特色，不利于武术课程思政的贯彻落实。

武术课程思政不是武术课程与思政课程的简单相加，而是将思政内容融于武术教育的全过程，因此，要深度挖掘武术课程中的育人元素，延伸武术课程的育人空间。目前，由于武术相关教材中没有对思政育人这一内容做出特别要求，部分武术专业教师受到专业知识框架的限制，对武术思政元素挖掘深度不够，导致武术课程思政在实际学科建设中思政内容与武术专业知识结合得并不紧密，没有形成相互关联的有机整体，呈现方式过于僵硬，思想内容碎片化，

思想知识表面化，甚至出现脱离武术教学内容谈思政的现象，将专业知识与思政理论分开讲解，影响了武术课程思政的育人效果。

八、武术教学内容的思政元素有待加强

在武术竞赛套路规则的影响下，武术教学内容以武术操为主，其次是五步拳、太极拳等简单的武术套路，礼仪、武德和精神品质等思政元素涉及较少，与文化、思想、精神教育等内容渐行渐远。可以说，一些高校中的武术课上教授的武术徒有"架势"，而无"灵魂"，武术传承传统文化、培养武术道德和民族精神的功能被弱化。①

九、武术课程思政师资队伍建设不完善

教师是具体课程的实践者，是课程思政建设的主力军。但目前，部分教师仍然对课程思政教育的理解有偏差，误认为学生价值观塑造和思想道德教育等思政素质的培养是思政专业教师的工作，其他专业的教师只负责专业理论、技能的传授和培养。多数教师欠缺人文素养，对挖掘武术中思政元素的主观能动性小，在课程教学中融入思政教学的意识淡薄以及自身能力不足。

十、武术教学评价标准有待明确

教学评价作为教育活动的总结反馈，有利于提高人才培养质量。目前，部分高校还没有建立起完善的武术课程思政评价体系，仍以教师评价为主，忽略了学生的主体作用。学校武术教学评价也多是以技术考试为主，忽略了武术理论知识的考评。武术教师更加关注对学生掌握的技术和理论知识的评价，并未将学生参与武术活动情况，学生的爱国主义、尊师重道等德育元素纳入武术教学评价中。

---

① 王稳，李晓华. 承继"情义"文化：促进大学武术"课程思政"建设的有效途径 [J]. 南京体育学院学报，2020，19（2）：71-78.

第五节　普通高校武术课程思政建设的实践路径

一、深化课程思政思想认识

高校只有充分意识到武术课程思政实施的重要性，才能在武术课程教学实际行动中展现出来，其具体措施包含以下几点。

第一，加大宣传教育力度。高校可以采用召开教育工作会议的方式，让全体教师参与其中，并在会议上细致阐述课程思政的内涵，在提高参会教师对课程思政的思想认识以后，再将高校体育武术教学与课程思政结合起来，引导教师深刻认识二者融合的可行性和必要性，为后续高校开展武术课程思政教学奠定良好基础。与此同时，充分利用新媒体技术，通过校园微博、微信等公众平台，对高校武术课程的思政内容实施进行大力宣传。操作时也要注意采用师生更容易接受的方式，如制作武术课程思政推广视频，展现真实教学过程等，这样不仅可以吸引更多师生的关注，还能赢得更多学生的支持和参与。①

第二，加强高校顶层设计工作。在提高高校师生对武术课程思政实施的思想认识后，要想推动该项工作更加顺利、高效地展开，就需要对高校武术课程思政实施顶层设计工作，执行时要将注意力放在深挖武术课程思政资源、创新武术课程思政教育方法、构建更为专业的教师队伍等方面，为武术课程思政教学活动的开展提供科学指导，进而提高武术教学的实效性。

二、明确武术课程思政教学目标

教学目标对教学过程起着统领作用，在整个教学过程中，我们要将知识目标、能力目标和情感价值目标建立起一个完整的体系，强化教学目标的思政属性，发挥教学目标的育人导向作用。② 在知识目标上，要打破传统的重技术、轻人文素养的局面，加强对人文素养知识的传授与学习，特别是要重视武术中所蕴含的丰富文化内涵和思政元素，提升学生的综合素养，丰富武术的人文知识库；在技能目标上，要提升学生的实践能力，将所学的理论与专业技能运用

---

① 时杰，叶灼怡. 高校武术课程思政元素挖掘与价值指向 [J]. 武术研究，2022，7（7）：86-89.

② 刘纯献，刘盼盼. 体育课程思政的内容、特点、难点与价值引领 [J]. 体育学刊，2021，28（1）：1-6.

到实践中，并通过应用，使学生更清晰地了解自己的身体素质和专业技能掌握程度，从而提高学生的积极性和自信心；在情感、态度与价值目标上，要重视育人导向，加强学生对"武德""武术精神"等思政元素育人价值的认知程度，加深对武术课程思政的了解，潜移默化地影响学生，树立正确的世界观、人生观、价值观，培养学生的爱国情怀和尊师重道的道德情操。

三、加强武术教材中的思政建设

加强武术教材中的思政建设，可将其视为高校武术课程思政建设初期开展工作的切入点，因为武术课程的开展是以教材为核心的，教材内容间接决定着学生的眼界、教师的引导方向，对于学生的影响力较为直接，所以，加强教材中的思政建设非常必要且关键。在武术教材思政建设中，大致按照以下两种思路来开展具体行动：一方面，及时成立编纂教科书团队，这个团队中的成员要包括武术课程教师，也要包括思政课程教师。编纂初期，负责人带领团队发现当前武术课程中所用教材的不足和问题，在每个单元补充相应思政内容，为学生深刻领悟武术、发掘和认知武术背后的做人做事准则奠定基础；与此同时，也进一步明确教师全方位育人的目标，为教师全方位教学和育人提供相应支持。另一方面，制定或完善高校教师编创教材的管理与激励制度、教材建设评价制度，这样不仅可以调动校内教师编创教材的热情和主动性，扎实推进武术教材的思政建设工作；而且能够通过评价制度规范教材编制机制，确保武术教材思政建设一直按照正确的轨迹向前发展。如此一来，武术教材思政建设才能满足学生的学习需要。

四、优化创新教育教学方式

要想提高学生对武术课程思政的学习兴趣，实现武术课程思政教学目标，就应该在武术课程思政实施中对教育教学方式进行优化创新，主要包含以下内容。

第一，多媒体教学法。考虑到武术课程的思政理论教学，极容易让学生感觉枯燥无聊，并且不能促进学生对武术理论知识的理解，这时就可以借助多媒体技术，将枯燥乏味和难以理解的理论知识内容以更加形象直观的方式展现出来，这样既能够吸引学生的注意，又能够促进学生更好地掌握知识。

第二，案例分析法。简单来说，将真实的案例引入武术课程思政教学中，学生更好地把握教学主旨内容。例如，在让学生领会武术中的爱国精神时，可以借助霍元甲等人物的案例进行细致论述，使学生能够更好地领会武术中蕴含的爱国思想，进而在不知不觉中发生改变。①

第三，小组合作教学法。将小组合作教学法应用到高校武术课程思政教学中，可以让学生有更多思考、探究和讨论的机会，并在引导学生自主学习和合作探究的过程中，培养和发展学生各方面的能力，使武术课程思政教学效果得到明显提升，促进良好教学氛围的形成，从而引导学生更加踊跃地参与课程思政教学活动。

第四，线上教学法。依托现代科技的发展，打造线上武术课程思政教育平台，并定期发布相应的课程资源，支持学生进行下载观看，使之成为高校武术课程思政实施的重要辅助手段，并与线下武术课程教学相互联系，互为补充，切实提高武术课程思政教育的实效，学生在接受武术教育的同时也能获得更加全面的发展。

五、改善武术课程思政教学环境

良好的教学环境能够提高学生学习的专注力，环境是传播武术文化思想的物质载体。在武术服饰方面，教师要阐明武术服饰的文化内涵，尽可能统一学生的武术服饰，并使学生正确穿戴和存放。在武术音乐方面，要注重思政教育与武术音乐的融合。武术音乐蕴含着浓厚的文化元素，是一种独特的思政教育形式，有利于增强学生的文化素养和知识储备，增强学生强烈的情感共鸣。选择合适的音乐，将武术与音乐完美结合，使学生快速进入学习状态，缓解重复练习武术动作的枯燥感。在武术场馆方面，可以设置宣传栏，布置武术代表人物的画像以及撰写与武术相关的武术文化、武术价值、武术爱国事迹等内容；张贴与武术相关的标语、口号，以及优秀学生挥洒汗水的生动照片等，激励学生主动了解武术，学习武术。

六、完善武术课程思政内容

高校武术课程思政的实施，需要丰富的思政内容予以支持，使课程思政教学变得更加丰富生动，以指导学生树立正确的思想价值观，具体措施包含以下几点。

第一，深度挖掘武术课程思政元素。武术课程思政资源丰富，需要我们细致深入地挖掘其思政育人元素，可以从武术教材、武术素材和武术动作入手，

---

① 赵歆，龙行年，彭小伟，等. 高校武术课程思政的育人内涵、面临问题与推进策略［J］. 武汉体育学院学报，2022，56（8）：68-74.

建构武术课程思政内容体系，实现武术课程思政育人的最优效果。在武术教材方面，精编具有课程思政内涵的武术教材，可以将自强不息的武术精神、尊师重道的武术品德、舍生忘死的武术代表人物以及历史深厚的武术礼仪等内容引入教材中，详细介绍武术的来源、发展进程及其与时俱进的时代价值。在武术素材方面，建立体现课程思政特色的武术素材库，教师要特别注重收集、整理与思政相关的教学素材，根据武术学科的优势和课程特点，系统规划，融入思政教育资源，增强课程内容与学生学习特点的贴合度。① 在武术动作方面，武术动作既培养学生的动作技能，又传授学生具有中华特色的武术文化。严格把握武术动作与优秀传统文化思想融合的尺度，避免课程思政教学的实践误区，提升武术与课程思政教学的耦合度。

第二，融入网络相关资源。随着现代信息技术的不断发展，人们通过互联网获取信息变得更加方便快捷。互联网蕴含了丰富多样的数据信息，其中也不乏与武术课程思政教学相关的课程资源。高校在开展武术课程思政教学时，若能够依托互联网对与之相关的课程思政教育资源进行收集和运用，如国内外优秀武术课程思政教育课程、优秀武术人物生平事迹等，将之融入武术课堂教学中，可以使教学内容变得更加生动丰富，学生学习起来也更容易理解，并能够为学生主动践行课程思政和价值观的形成打下坚实的基础。

第三，构建资源数据库。将发现的武术思政教育资源有效集合起来，并按照所属类型进行分类，如教育课程类、文字图片类、人物分析类等，然后构建专门的数据库对这些思政资源进行管理，在开展武术课程思政教学时，也能结合实际需要对相关思政资源进行搜索应用。②

七、提升武术教师思政素养和教学能力

要进一步提高教师的思政素养，强化教师课程思政育人意识，继续提升教师对课程思政教育意义的认知度，树立科学的教育理念，不断用新的教育思想丰富课堂内容、武装头脑。在教师思想道德、学术素养、教学能力等方面全面贯彻落实思政价值引领，将思政育人导向贯穿于教师发展与成长的全过程，加强武术教师的政治立场、育人自觉和使命担当。增强教师课程思政内容的融合

---

① 赵歆，龙行年，彭小伟，等. 高校武术课程思政的育人内涵、面临问题与推进策略 [J]. 武汉体育学院学报，2022，56（8）：68-74.

② 赵丹，马文博. "课程思政"融入高校武术课程的生成逻辑与实践路径 [J]. 中华武术，2020（10）：98-101.

能力，强化武术教师的课程设计能力，将社会责任、家国情怀、社会道德等融入专业课程教学中，把握思政教育的规律特征，多与学生沟通，了解学生的内在需求和思想动态，创新教学载体，转变表达方式，运用灵活多样的练习手段、趣味化的教学的方式等建构平等和谐的教育环境。强化教师的思想政治素养，增强教师的学问品行和育人本领。

八、健全武术课程思政评价体系

首先，要规范评价内容，将评价内容划分为专业知识技能和课程思政育人表现两部分，对其进行考察评价，突出评价的整体性，最大程度地避免评价内容的单一化，做到专业课程与课程思政相结合的评价，将技能培养、价值引领和知识灌输融为一体。其次，推动评价主体多元化，武术课程思政的评价既要有教师对学生的评价，还要有学生对自己以及学生间的相互评价；既要有对结果的评价，又要有对过程的评价。① 建构多元化的评价体系，有利于加强学生的自我认知和教师对学生的了解程度，提高教师发现问题、解决问题的能力，提升武术课程思政与学生之间的紧密度。最后，要建立合理的评价反馈机制，从整体规划思政课程评价考核标准，高度重视考核评价反馈信息，构建课程评价反馈机制，助推武术课程思政评价反馈的一体化衔接。

九、强化学生思政实践体验

要通过高校武术课程思政教学，引导学生树立正确的价值观，使学生获得更加健康全面的发展。在侧重学生武术课程思政教学之余，还要为学生创造更多实践体验的机会，促进学生将学到的武术思政知识逐步转化为自身的实际行动，具体措施包含以下几点。

第一，加强武术训练。武术是高校体育课程中的重要组成部分，引导学生对武术进行学习，其主要目的是强身健体，掌握武术技术和弘扬民族文化。在开展武术课程思政教学时，要注重加强学生的武术训练，借助不同武术技术训练活动，让学生在实际参与和操作中，更好地领会武术动作蕴含的思想内容，最终使学生的武术技术和思想品质能够得到同步培养与提升。

第二，开展各类活动。紧密围绕高校武术课程思政教学内容，组织开展各类活动，如太极拳比赛、搏斗运动、散打比赛等，让学生根据自身喜好有选择

① 杨建营，冯香红，徐亚奎，等. 体育教育专业武术课程思政元素及教学案例解析 [J]. 西安体育学院学报，2022，39（1）：122-128.

性地进行参与，甚至还可以从校园文化活动入手，将与武术思政相关的内容融入其中，并通过开展武术人物主题文学作品比赛，优秀武术人物角色扮演、武术剧本创作与会演等活动，让学生在尽情参与中深刻体会武术蕴含的思政内涵，并对学生思想、行为进行潜移默化的熏陶与影响。

第五章　普通高校散打课程思政研究

近年来，课程思政建设在我国各个高校得到广泛开展，而散打作为具有中国特色的传统体育项目，凝聚了中国武术的精华，蕴含着丰富的课程思政教育元素。在高校散打课程的思政教学中，教师通过采用优化课程教学大纲、充分挖掘散打课程思政教育元素、健全课程考核评价体系等教学路径和策略，强化散打课程武德教育，加强散打课程立德树人教育，培养学生终身体育意识，实现体育育人功能的回归和落地，实现知识技能传授与思政教育的融合和统一，促进学生的全面发展。本章主要对普通高校散打课程思政的相关知识进行论述。

第一节　散打运动概述

一、散打的定义

散打，又称散手，是两个人按照一定的规则，运用武术中的踢、打、摔等攻防技法制服对方的、徒手对抗的格斗项目，是中国武术的重要竞赛形式。散打可分为古传散打和现代散打。古传散打是用头、指、掌、拳、肘、肩、膝、腿、膀、臂等部位攻击，主要的技法为打、踢、拿、跌、摔等，其中还有肘、膝等技法，在格斗中讲究出其不意，讲究实用。现代散打则是常见的以直拳、摆拳、抄拳、鞭拳、鞭腿、蹬腿、踹腿、摔法等技法组成的，以踢、打、摔结合的攻防技术。

二、散打运动的特点

（一）体育性

现代散打运动，虽然具有高度的格斗搏击性能，但其作为一项竞技体育项目，遵循体育竞技运动的规律和要求。《武术散打竞赛规则》严格规定了人的后脑、颈部、裆部为禁止部位，并规定了一些禁用方法，对传统的实用散打技术进行了有目的的取舍和整合，使之既突出地反映了武术的特殊本质——技击性，又符合体育竞赛的特点。[①]

（二）对抗性

徒手对抗格斗是散打的基本运动特征。现代散打运动并不局限于对中国武术传统的徒手格斗术进行单纯的继承和表现，而是在继承的基础上有了发展和提高。其中最为突出的，就是把传统中只注意招法的观念发展成把体能、智能与技能结合起来，进而突出了综合应用的能力。比赛双方没有固定的动作顺序，而是互以对方的技击动作灵活应变，斗智、较技，相互捕捉对方的弱点，以所长制所短。它要求练习者不仅要熟练地掌握散打技术，而且还要有敏捷的应变能力，从而明显区别于武术套路运动形式。[②] 散打由于自身的特征以及社会的需要，更突出地反映了武术的本质。

（三）观赏性

散打比赛紧张激烈，参赛者在比赛中表现出的坚韧不拔的意志品质和拼搏向上的竞技精神，也会给人带来启发。散打有着广泛的群众基础和很强的生命力，练习散打的人越来越多，而且观看散打比赛的观众也日益增多，这说明了武术散打具有很高的艺术魅力及观赏价值。

（四）民族性

武术散打是中华民族的优秀文化遗产，是在中国特定的社会历史条件下逐渐演变发展而成的，因此它具有鲜明的民族特色。

中国散打不同于拳击，也不同于跆拳道，更不同于用头顶、肘撞、膝击的泰拳和柔道等项目。武术散打要求"远踢，近打、贴身摔"，其民族形式不是凝固的，也不能理解为"过去形式""历史形式"或"传统形式"。其民族形式有鲜明的时代性，因此其形式不是单一的，而是多变的、演进的。

① 胡启林，张先义，仲鹏飞. 大学体育与健康 [M]. 武汉：武汉理工大学出版社，2021.
② 郑砚龙，肖祥，曾文波. 大学体育与健康实用教程 [M]. 天津：天津科学技术出版社，2020.

三、散打运动的作用

（一）健体防身

大量的实践证明，散打训练能够提高人体的力量、速度、耐力、灵敏度等，能提高人体心血管系统、呼吸循环系统的机能以及中枢神经系统的灵活性。所以，经常进行散打训练，能使人的身心得到全面的锻炼，增强体质，提高健康水平。散打的本质特点决定了其具有自卫的功能。通过散打训练，练习者能够掌握对抗中的攻击与防守的格斗技巧，一旦遭受攻击，能够有效地保护身体不受伤害。[①]

（二）锻炼意志

散打运动对意志品质的锻炼是多方面的。长期的散打训练枯燥、单调，并要克服在练习中给身体带来的疼痛、疲劳，在实战中还要克服懦弱等的心理因素。因此，通过散打运动的锻炼，可以培养人的勇敢、顽强、坚毅、果断的优良意志品质和敢于拼搏、积极向上的精神。由于散打运动的对抗性特点，习练的整个过程也是进行和加强武德修养的过程，如尊师重教、团结友爱、诚实守信等。同时，在比武较技中提倡互相学习、切磋技艺，培养胜不骄、败不馁的优良品德。

（三）观赏娱乐

武术散打的擂台搏击形式，有着极高的欣赏价值和极强的娱乐功能。散打对抗中的角力斗勇、较技斗智的场景，具有百折不挠的精神内涵，启发人们的拼搏意识和积极进取的人生态度。在练习中，能够使人感受到攻防格斗的技巧变化，技法之奥妙、精深，技理之深邃，能够使练习者越来越自信和自强，为练习者带来了欢悦和满足。

（四）增进交流

散打具有增进交流的功能。散打从其对抗的本质上讲其实就是一种交流，通过对抗切磋、交流了技艺，提高和发展了散打运动的技术水平。武术散打比赛，使更多的人了解了中国武术，了解了中国文化，促进国际文化交流。

---

① 王伟. 体育教学理论及实训研究 ［M］. 北京：北京工业大学出版社，2019.

四、散打运动的制胜因素

散打运动的制胜因素虽然受很多外在因素的影响，如比赛规则、比赛场地、裁判水平等，但归根结底取决于运动员的竞技能力和竞技水平。散打运动员要具有扎实的基本技术、良好的体能和心理素质。在散打比赛中运动员要做到快、狠、准，在短时间内快速制胜。这就要求运动员能够打击精准，合理分配体能，准确把握进攻的距离、时间、方式、对方的身体部位、进攻的节奏和技术等。下面分别从速度的快、打击的准、招式的变化，以及节奏、体能、情绪的控制四个方面对这些影响散打运动制胜的因素进行详细分析。

（一）快

1. 进攻速度快

散打比赛中，运动员的进攻动作一定要快，质量一定要高，简单快捷高效，这样才能让对方反应不过来，快速战胜对方。散打运动每场比赛三局两胜，而且每局只有两分钟，运动员要在有限的时间内战胜对方，必须动作快。如果攻击速度没有对方快，就有可能落入被动防守的地位。

2. 移动速度快

在散打比赛中，运动要通过快速移动来打破对方的防守，进而制服对手。运动员需要快速移动，进行攻防转换，寻找时机，积极抢点，才可能取得胜利。一般情况下，散打的比赛场地都较小，四周是围绳，退无可退，如果运动员不快速进攻，速战速决，很容易使自己陷入被动局面。

3. 反应速度快

快速反应是散打运动员必须具备的基本素质，无论是攻击还是防守，都需要根据对手的技术动作迅速做出反应。这就要求运动员的注意力高度集中，根据经验快速做出进攻或防守的决策。甚至可以说，运动员的反应速度直接决定了比赛的胜负。

（二）准

1. 击打准确

在面对对手时，每次的出拳、腿摔都要尽可能地击打准确，否则会使自己处于被动防守的地位。在散打比赛中，运动员需要在规定的时间和场所内，通过拳头、腿等击打动作攻击对手才能获得点数，取得胜利。如果运动员攻击的准确性不高，失误很多，不仅会造成自己体能的巨大消耗，而且在与对手处于相持阶段或者比分落后时，会使人心情急躁，打乱比赛的节奏，难以控制场上局面。

2. 判断准确

散打运动员在比赛时，需要对攻击距离、自己和对手的状态、对手的心理以及空间位置等进行准确判断，从而选择恰当的进攻时机。例如，当对手在进攻无效后，会调整自己身体的稳定性，恢复准备姿势准备下一次的进攻，这个时间是非常短暂的，这时就一定要抓住这个时机。

（三）变

1. 打法多变

在激烈的散打比赛中，仅靠单一的进攻技术和打法是很容易被对手摸透并反制，打法多变、技术全面是一名优秀的散打运动员应该具备的。无论是在日常训练还是在竞技比赛中，对手的特点、周围的环境、自己的状态等都是在不断变化的，即使是同一个对手，其进攻、防守的手段也是变幻莫测的，因此，散打运动员必须掌握全面的散打技术和手段，能够适应各种场地环境。

2. 战术灵活

灵活的战术也是散打运动员赢得比赛的重要保障。无论面对怎样强悍的对手，散打运动员都要思路清晰、冷静判断，针对场上的情况、对手的情况，以及自身的身体状况迅速做出正确的决策，采取最优的战术和打法。

（四）控

1. 控制比赛节奏

散打比赛实际上是双方互相进攻的运动项目，整个比赛过程都是在控制、反控制过程中不断循环往复的。优秀的运动员往往有很高的场上控制能力，能够掌控比赛的节奏，在进攻、防守、相持、反攻等方面始终处于主动地位。

2. 控制体能

散打对于运动员的体能消耗非常大，因此在比赛时，运动员要懂得合理控制和分配自己的体能，要根据自己和对手的特点，扬长避短，动态调整比赛的节奏和自己技术、体能的分配。

3. 控制情绪

在面对对手时，很多时候拼的不是技术而是心理。散打比赛时间短，任何一个失误都有可能造成场上局势"一边倒"的状况。如果散打运动员没有良好的心理素质，不会控制情绪会造成技术的不稳定，从而出现更多的失误，导致比赛失利。

第二节 散打课程教学分析

一、攻防技术教学

散打作为一项体育运动,对于练习者的灵敏性动作节奏及反应速度要求较高。对于体育运动起点较低的普通大学生而言比较难以掌握,因而有必要提高大学生的身体素质,从而使得散打更容易学习。大学生若对散打充满学习兴趣,自然就会积极自觉地参与训练,从而达到锻炼身体、愉悦身心的目的,这也正是大学体育的学习宗旨。

(一)注重提高攻防技术

散打作为对抗性运动来说讲究的是攻守兼备,这对于刚刚接触散打的大学生来讲是具有难度和挑战性的。对大学生初学者而言,尽管其所运用的攻击技术正确,也不一定能达到理想的效果。所以,在熟练掌握进攻技巧的同时,要训练学生的灵敏度和反应速度。另外,若想实现攻击的效果,就要使学生的击打具有很高的爆发力。

在实际散打对战过程中,学生要把进攻和防守两方面有机结合起来,随机应变,这样才能保证自己不会在对抗中失去主动,让自己处于不败之地。另外,散打学习不仅对技术方面要求较高,同时还有对学生身体素质的要求。因此,在对大学生进行散打训练时,教师应当注重对学生的耐力训练,提高学生的耐力水平,同时注重大学生的体能训练。所以,散打课程要有科学的训练方案,并及时关注大学生身体体能的变化,实时调整训练方案,这一点非常重要。

(二)加强专业技术训练

散打的练习要求在具备攻击和防守能力的基础上要有效地提高大学生攻防技术的实战性。散打在对抗性过程中,要根据对手的姿势和位置做出及时迅速的反应。同时,散打练习最关键的就是出拳和出腿的爆发力、速度、节奏和耐力。所以,要强化练习大学生散打攻防技术的专业技术。

(三)注重发挥个人优势

大学生学习散打的实际学习效果与个人身体条件和技术特点紧密相关。由于身高和体能的不同，大学生学习散打所侧重的攻防技术也会不同。不同身体素质的大学生要根据自身条件来确定更有优势的攻防距离，从而确定不同攻防距离下的有利攻防技术，形成自己的技术风格。

从体能特点看，大学生的体能大致可分为灵巧型、速度型和力量型三种。三种不同体能类型的学生，适合学习各不同的攻防技术。例如，灵巧型学生力量不足但是战术多样，一般学习技巧型攻防技术。速度型学生抗疲劳和抗攻击能力不足而往往斗志旺盛，一般学习快频型攻防技术。力量型学生容易急躁，但很自信，一般学习强打型攻防技术。

（四）心理素质训练

在实战中，心理素质也很重要，若未战先怯，即使有着很强的身体素质与战斗力也难以发挥出来。同时，散打训练是极为枯燥的，学生若没有强大的心理素质很难坚持下来。因此，教师在训练学生身体素质的同时，还要有针对性地对其进行心理素质方面的训练，只有整体综合素质提高了，才能更好地发挥散打的效果。①

二、摔法技术教学

摔法技术作为散打运动中的一项基本技术，有其自身的技术特点。摔法技术作为散打运动独特的技术动作，融合了中国式摔跤里的许多动作，如拿、绊、别、推等。由于散打规则的限制摔法必须在几秒内完成，因此在做摔法动作时不能犹豫，每个动作都要准确到位，保证动作的连贯和完整。散打摔法对摔的时机要求较高，什么时候主动采取摔法和被动采取摔法，要有明确的分析和判断。散打摔法由于其自身特点，如倒地不能进攻、搂抱两秒必须采取摔法、双手带有拳套等，使得其摔法技术有别于其他运动中的摔这一技术动作，这也是散打教学中摔法技术不同于其他基本技术动作的主要原因。摔法技术作为散打运动的主要技术之一，在散打教学中是不可或缺的。

1. 提升对散打的学习兴趣

在散打教学的过程中，在开始学习摔法技术时必须两人一组进行练习，通过两人之间使用摔法技术进行对抗，使学生之间相互交流、对技术动作进行探讨研究，发现每个技术动作的关键点在哪、摔法动作间的不同、哪种摔法技术适合自己在对抗中使用等。通过学生之间的相互交流，增强了学生之间的互动

---

① 周鹰. 关于大学生散打教学中攻防技术的教学与训练策略研究［J］. 当代体育科技，2018，8（31）：43-44.

性和趣味性，更能吸引学生对散打运动的学习。

2. 从实际运用出发

只有对摔法技术熟练掌握，才能在实际运用中驾轻就熟，这就要求学生在学习摔法技术时认真刻苦。通过对摔法技术的学习，使学生掌握近身对抗时脱离危险的能力。大多数学生都是初次学习摔法技术，对保护自身的技术了解相对较少，倒地时对身体保护意识较差。在教学的过程中，教师首先必须强调学生对身体的保护意识，教授学生对自身进行保护的方法。

3. 增强对抗性

散打运动本身就是一种对抗性很强的运动，摔法技术更是体现了这一特点。在散打摔法教学中，如果只注重怎么样摔倒对手或是哪种摔法更为简单快速，忽视了"防摔"这一问题，是不应该的。在学生学习的过程中加入防摔动作的教学，能够增加学生对摔法技术的认识，提升其实战经验。

4. 树立武德意识

武术中常说，"习武先习德"。散打作为中华武术的一个重要组成部分，对武德的要求也是相当高的。在高校的散打教学中，多数学生是初次接触这项民族传统体育运动，应当加强其武德意识的培养，使学生在学习之初就有良好的习武德行和品质。摔法技术作为散打运动的一项主要技术，在练习中学生往往容易争强斗胜。因此，在学习摔打技术之初，就必须使学生明白武德的重要性，注重培养学生胜不骄、败不馁、顽强拼搏不服输的精神。

总之，在教学的过程中，教师要从实际运用的角度出发，引导学生了解摔法技术特点和在实战中的具体运用，当自身遇到危险时能够运用摔法技术保护自己。

第三节　普通高校散打课程建设与教学改革

一、散打课程建设

（一）散打课程建设的影响因素

1. 对散打课程的重视程度

高校对散打课程的关注与重视程度，直接影响着散打课程体系的顶层设计与构建成效，也影响着散打课程制度与设施的完善。当前，高校对散打运动缺乏足够的关注与重视，是制约散打课程发展的重要因素，一方面，高校对散打运动缺乏深度了解，这一问题与散打运动的普及程度以及在推动散打运动进高校过程中的宣传意识具有紧密关系；另一方面，高校对散打运动在推动学生身心发展方面的作用认知不足。虽然高校普遍重视体育教学工作以及学生身心素养的健康发展，但对于具有激烈对抗性和损伤风险的散打运动而言，给予的支持力度较少。

2. 经费支持

高校散打教学活动的开展，需要相应的教学场地以及教学器材，而充足的经费则是对教学场地以及教学器材进行完善的重要支撑。另外，在开展散打课程教学的基础上，为了进一步提升学生的散打素养，高校有必要通过自主举办或者与其他高校进行联办的方式组织散打竞赛活动，甚至还可以组织学生参加区域乃至全国业余性质的散打比赛这些活动对于拓展学生眼界、激发学生的散打学习兴趣具有重要意义。而无论是举办散打竞赛活动还是组织学生外出参加比赛，都需要高校提供必要的经费支撑，而如果经费不足，则这些活动自然也就无从谈起。

3. 师资队伍

在高校散打教学活动中，体育教师队伍的散打专业素养对于教学深度、教学成效产生着决定性影响。但事实上，很多高校在开设散打课程之后，虽然体育教师会对散打运动及其相应的教育理论有一定了解，但是来自散打专业的教师数量以及教师队伍所具有的散打素养仍很难满足高校散打教学的需求。也正因为如此，高校散打课程的教学效果往往不尽如人意，这种现象制约着散打运用在高校的普及。

4. 散打运动的特点

散打运动对于提升学生身体素养以及自身防卫能力具有重要价值。与此同时，散打运动所具有的对抗性与竞技性也较强，也正因为如此，一方面，许多高校学生对散打运动普遍持有较高的学习热情与学习兴趣；而另一方面，这种运动需要做好周全的保护并要求学生掌握良好的防运动损伤知识与能力，否则学生容易在散打运动中出现损伤。另外，性格冲动与情绪难以自控是大学生群体所具有的明显特点，因此，在学生学习散打知识和技能之后，也容易产生冲撞与斗殴现象。①

---

① 苗忠华. 高校散打课程优化策略探析［J］. 科技资讯，2018，16（27）：170-171.

（二）散打课程建设现状

1. 散打课程人身安全事故频发

散打具有搏斗激烈、安全危害性大的特点，具有较强的对抗性及搏击性。相对跆拳道、拳击等运动项目，高校散打课程训练中的强度及激烈度更大，且其规章制度、规范性、合理化、科学化等方面还不够完善，在缺乏保护设备的情况下，很容易对学生造成较大的身体伤害，即使具有良好的保护措施依然存在较大的风险。

2. 散打训练器材及场所短缺

在进行散打训练的过程中，训练器材及场所是必备条件，也是学生能够顺利进行散打训练的基础保障。散打课程的开展需要大量的资金投入来采购训练器材及进行场地配套，而实际上很多开展散打项目的高校在相关器材及场地方面存在严重不足，不少学生进行散打学习时只能在操场等非专用场所，部分学生甚至连基本的拳套、沙袋和护具都没有，给学生进行散打训练带来较大的困难，散打课程无法进行有效的散打对抗训练，同时也会存在较大的安全隐患，增加了训练过程中的危险系数，严重影响了散打课程的效果。

3. 在高校大学生中的普及率较低

散打凝聚了我国传统武术的精华，但由于散打属于竞技类项目，对参与人员身体素质要求比较高，同时宣传力度不到位，也使大学生对它有一定的敬畏感，导致选择散打的学生较少。

（三）散打课程建设策略

1. 转变领导观念

高校领导层关注和重视散打课程体系建设，是确保散打课程各个要素得以优化的重要前提。为此，高校领导层需要认识到散打运动在提升学生身体素养、心理素养过程中的价值，围绕散打课程设置、散打活动组织等进行制度建设，并在散打教学科研、散打教学评价中发挥统筹协调作用。在做好高校顶层设计的基础上，高校领导层还要在散打教学活动的开展中发挥监督作用，重视优化散打教学环境，从而为散打课程教学工作的有序、有效开展奠定良好的基础。

2. 加大经费投入

充足的经费投入是推动高校散打课程开展以及持续优化的物质基础，而在散打课程建设中的经费投入不足，是目前许多高校中不能回避的重要问题。在经费筹措过程中，一方面，高校需要重视宣传散打运动所具有的价值，鼓励学生参与，进而争取更多的经费用于教学设施建设和散打活动的组织；另一方面，高校需要重视强化散打课程的社会效应、引入社会资本为散打课程的优化提供经费支撑。例如，高校可以通过举办散打表演活动，提升高校散打教学的影响力。当然，在经费的使用中，高校还需要做好预算与核算工作，从而提升经费利用效益。

3. 强化师资队伍建设

在散打课程教学中，教师既是教学活动的设计者与组织者，又是教学活动的实践者，因此，强化师资队伍建设，对于提升高校散打课程教学效率与教学质量具有重要意义。具体而言，在散打课程师资队伍建设中，首先，高校需要重视优化散打课程教师队伍学历结构。虽然较高的学历并不代表教师具有更高的专业素养和教学能力，但是鼓励教师接受继续教育并进一步提升自身学历，是提升教师专业素养与教学能力的有效路径，因此，高校需要支持教师开展在职深造与脱产学习等，并为教师提供更多的深造机会。其次，高校需要重视对在职教师队伍开展培训工作。针对散打运动理论、技能的发展，高校需要定期开展教师培训。与此同时，教师有必要引导教师进入社会散打教育机构或者散打俱乐部等开展社会实践，了解前沿的散打专业知识与技能。最后，高校需要重视引入兼职教师，对教师梯队进行优化。高校不仅需要针对在职教师队伍构建"传、帮、带"专业化发展体系、学科带头人体系以及继续教育与培训体系，而且有必要引入社会散打专业人士参与散打课程的教学，从而为散打课程教师队伍提供更多力量。

4. 强化学生安全意识

在高校散打课程教学中，虽然散打运动能够强化学生的竞争意识，但是激烈的对抗性容易导致学生产生损伤。因此，在散打课程教学过程中，教师需要重视和做好安全教育，在引导学生强化自身安全意识、提升自身安全防护技能的基础上掌握散打知识。与此同时，高校需要重视围绕散打教学活动做好安全保障机制，如教学设施的安全性检查以及学生损伤情况应对机制等，从而有效降低学生在开展散打学习以及参与散打运动中所面临的安全风险。

5. 重视校本课程开发

在高校散打课程发展过程中，重视校本课程开发，能够确保散打教材与学生特点、学生学习需求以及高校教学环境、教学目标实现良好对接。与此同时，无论是在教学内容设计还是在教学考核当中，高校都有必要将实战教学、实践考核引入其中。当然，做好安全意识教育、安全技能培训，是开展实战教学与实战考核的重要前提。另外，高校需要重视和了解学生对散打课程教学的满意度调查，从而为高校散打课程的持续优化奠定良好的基础。

二、散打课程教学改革

（一）散打课程教学改革的必要性

1. 丰富体育课程教学内容的需要

高校应科学安排课程内容，在学生掌握基本运动技能的基础上，根据学校自身情况，开展运动项目教学，提高学生专项运动能力。随着我国高校公共体育课程改革的不断深化，各高校对体育课程教学内容的丰富性提出了新的要求。而散打课程作为我国传统文化的重要组成部分，如果能在高校体育课程教学中通过不同的形式进行推广教学，就会对体育教学内容的改革形成积极的促进作用。散打课程内容不仅仅是以技击为本质的两两对抗的格斗运动形式，同时还更能够有效培养学生的体育健康意识，在此基础上帮助学生提升自我保护意识。

2. 传统文化发展的需要

尽管散打突出了竞技武术的特点，但是在体育教学过程中仍然具备很高的实用价值。在普通高校公共体育选项课程中，将以往枯燥乏味的体育课程设置为学生所喜欢的、具有民族特色的、能够传承民族传统文化的体育项目，更有利于我国高校体育文化软实力的提升。随着我国高校体育教学改革的不断深入，课程的丰富性正得到大家的认可。不断发掘我国特有的传统体育项目，已成为高校公共体育课程教学改革的重要内容。

3. 学生兴趣培养的需要

中国武术作为高校公共体育课程教学的内容，已经有了长足的发展，但是以散打课程为主的竞技武术的发展相对较为缓慢。而在现今的散打教学过程中，如果对其教学形式进行相应的丰富，将对学生在提高自我保护意识等方面有着积极的指导意义。

（二）散打课程教学存在的问题

1. 散打教学内容缺乏全面融合

当前，高校散打教学的内容更多关注的是学生在武术竞技方面的技术学习，教学内容过于枯燥，无法有效适应学生参与散打教学活动的客观需要。并且，所开设的课程千篇一律，缺乏必要的教学内容更新与理念优化，特别是作为一门公选课程，很多老师在挑选教学素材、设置教学内容时，并没有从学生的具体视角出发，大大影响了学生的参与热情和积极性。

2. 散打教学方法缺乏及时更新

多数高校依据自身教学条件，陆续开设了公共类的散打教学、专业性的散打教学课程。但是，很多散打教学活动过多地将其与运动技术教学相混淆，并没有从精神传播与文化引导的角度出发。所以，在散打教学的实施过程中，忽略了教学活动的实质，从而影响了散打运动的价值推广。

3. 散打教学的文化内涵缺失

真正适应武术散打教学的机制，不是普通的体育项目教学，而是充分注重对其相关文化内涵的挖掘与应用。但是现阶段，多数武术散打教学活动仅关注武术散打运动的技能与动作，忽略了对其文化内涵的有效融入，使得该教学未能实现其理想效果。

第四节　普通高校散打课程思政建设的实践路径探究

一、优化高校散打课程教学大纲

在当前大学体育课程教学中，存在过度注重实践技术教学而忽略了理论教学的问题。而事实上，在散打教学中，技术教学固然是教学之本，但学生文化素养的培养、学生思想道德水平的发展，需要在丰厚的理论知识积累过程中逐渐形成和发展，这是散打武术学习的"魂"之所在。[①] 在散打课程教学中，仅仅进行技术教学和训练，缺乏理论知识积累，无法达到育人的教育效果。目前对高校散打课程大纲进行改良和优化，提升理论教学课时比例，加强散打课程起源与发展的理论教学，注重散打文化底蕴教育，是强化散打思政课程教育的重要方面。

首先，在散打技术教学训练中，融入中华礼仪文化教育，了解和体会散打武术中的传统文化元素。例如，抱拳礼仪教学指导，通过在散打对抗相互问候的方式，体会中华传统文化中的仁、义、礼、智、信。教师在散打技艺教学过程中，通过对抱拳礼的理论解读，让学生了解其文化内涵；通过对抱拳礼的实践应用，引导学生理解和感受"武德"。其次，在散打理论教学中进行散打发展史教育教学，从中深入了解我国优秀的民族文化、民族传统，使当代大学

---

① 杨希芮，王丁虹. 课程思政建设下武德教育在武术教学中的作用 [J]. 中华武术，2021（9）：83-85.

生树立文化自信,实现中华传统文化的继承和发扬。最后,教师在教学中将散打教学与世界流行的其他武术格斗形式和类型进行比较,如日本的跆拳道、泰国的泰拳等,学习其他流行的格斗类项目的传播和发展模式,以助力推动散打运动的国际化发展和传播。

二、融入有利于引领学生思想、价值、道德观念的教学内容

教学内容作为课程教育教学工作顺利进行并达到预期教学目标必不可少的重要条件,是学生知识与技能、能力与素质得到全面发展的载体。所以,在课程思政理念下,一切教学改革的深入落实都必须将教学内容的整合、优化、深化放在重要位置。高校散打教学自然也应如此,进而为学生思想、价值、道德观念的形成发挥强大的引领作用。其具体操作有如下几个方面。

第一,不仅要以理论基础和基本功训练内容为主,还要将思想道德内容作为重要补充。针对以往教学内容来看,通常在教学内容的设置上往往会结合课堂教学的重点与难点,附之一定的理论内容,但基本功训练内容依然要作为主体。而在课程思政理念下,理论内容和基本功训练内容依然要被视为主体,但还需要进行合理的整合与优化,将道德情怀等方面内容加以合理穿插,以保证学生不仅从中学会如何强身健体和保护自己,而且要懂得如何尊重对手、尊重他人,为道德观念的正确形成提供强大引领作用。第二,将集体主义和爱国主义内容融入教学。众所周知,高校散打教学具备极强的健身功能,是促进学生体质健康与心理健康发展的理想平台。但不可否认的是,在散打教学的过程中,学生往往会不由自主地想到如何去击败对手,久而久之就会产生为集体争荣誉的想法。为此,在课程思政理念下,高校散打教学应将集体主义和爱国主义教育内容有效融入,让学生在散打招式的学习与训练中可以建立起集体情感与家国情怀,这无疑是学生思想观念和价值观念正确形成有利渠道。

三、制定科学合理的教学机制,更新教育教学理念

对于高校的散打教学来说,保持正确的教育教学理念,制定科学合理的教学机制,是促进散打教学与思政理念融合的关键,也是保证学生能够真正学习武术文化精髓的必要条件。高校应该充分认识到当前散打课程教学存在的主要问题,根据国家对大学生培养的要求,结合思政课程教育教学理念,做好高校散打课程的思政建设,制定科学合理的教学机制。高校应该牢牢把握散打课程教学思政建设的主要原则,根据学生的实际情况,有针对性地规划散打课程的教学手段和方式。除此之外,高校应该改变过去传统的散打课程教育教学理

念，根据时代的发展和对人才培养的关键需求，更新自身的教学理念，提升自身人才培养的质量和层次。因此，高校必须从根源入手，优化自身教学手段和教学理念，完善教学体制，为学生的发展打造更好的氛围。

四、充分挖掘散打课程思政元素

散打课程包含"武课"和"文课"类内容，"武课"类内容包含基本身体体能练习、拳法技能、腿法技能、摔法技能和实战技能等；"文课"类内容包含散打文化、散打相关礼仪和礼节教学等。在散打教学中，要充分挖掘思政教育元素，加强立德树人教育，充分落实热爱祖国、尊师重道、相互协作、科学锻炼的散打课程思政教育目标，使学生做到文化自信、礼让谦逊、合作共赢，培养永不言败、知难而上的精神。

（一）培养大学生的文化自信

我国的散打可追溯到远古时期，人们为了生存与野兽进行肉搏；春秋战国时期，踢、打、摔、拿等徒手相搏技术得到了较为普遍的发展；西汉时期出现了有关搏击的较为系统的文字记载，如《手搏六篇》等；唐代创设了以搏击选拔武将的方式；两宋时期出现了各种形式的武术表演；明朝时期打擂比武十分流行；清朝时期则创建了专门的馆和社，以练习武术。1933 年，政府举办了武术国考，将男、女散打列入比赛项目，形成了散打运动的基本雏形。随着历史的发展，我国散打运动文化从产生到发展，再到逐渐走向成熟，走向世界。通过对散打运动历史文化的学习，逐渐培养学生的文化自信。

（二）培养大学生的爱国主义情感

在国际性的搏击比赛项目中，散打的"以巧制胜""以柔克刚""四两拨千斤"等搏击技巧展示出中国武术的风采。参赛者用中华民族独特的散打技法、精湛的武艺以及不屈不挠、坚韧不拔的精神，为国争光，展示出中国的民族精神。在武术散打教学中，将参赛者的事迹、行动和精神融入教学，鼓舞学生练好体魄，学好专业，做到身强志坚，更好地为国家和社会做出应有的贡献。

（三）培养大学生吃苦耐劳、自强不息的精神

耐力训练和基本功练习是散打技术的基础。在散打教学中，通过耐力训练，锻炼学生的耐力，增强学生的身体素质，在坚持不懈和不断战胜自身的身体极限中体会成就感，享受胜利的喜悦。在散打基本功拳法练习中，教师要引

导学生掌握直拳、摆拳、勾拳等动作技术要领，并通过拳法空击组合练习、分组拳法打靶练习，不断增加运动强度和运动量，培养学生吃苦耐劳的精神和自强不息的意志。

五、健全评价体系

高校武术散打课程思政教学评价体系的构建应该从以下几个方面着手。

首先，充分体现学生的主体性。在教学过程中，教师应尽量采用启发式教学方法，启发学生进行主动思考，鼓励学生积极参与，并培养学生对自身的学习情况进行总结与评价的能力。

其次，适当增加理论知识的考核比例。在传统的体育课程中，往往注重学生体育技术完成情况、身体素质状况的考核，忽视了体育理论知识的考核。高校散打课程思政的考核，除了注重学生散打技能与身体素质的考核之外，还应该注重学生散打理论知识的考核，适当增加理论知识考核的比例。例如，可以围绕散打课程与立德树人这一主题，要求学生写一篇课堂感想，然后教师根据学生写作内容的深度进行评分。

再次，采用问卷调查的方式对学生的散打学习情况进行综合评价。教师可以向学生发放与课程思政相关的问卷，然后根据问卷的结果对武术散打课程思政教学效果进行检验，并以此为依据，对之后的课程活动进行相应的调整与优化。① 另外，教师也可以开展武术散打课程思政示范课，并邀请其他教师对课程的教学组织、教学内容、教学效果等进行评价。

最后，高校可以积极组织武术散打任课教师开展课程思政专项教学竞赛，并邀请相关专家对教师的教学效果进行客观、公正、全面的评价，通过以赛促讲的方式，激励教师自觉提升自身散打课程思政教学水平。

---

① 杨建营，冯香红，徐亚奎，等. 体育教育专业武术理论课程思政元素及教学案例解析 [J]. 武汉体育学院学报，2021，55（5）：79-86.

第六章　普通高校太极拳课程思政研究

高校太极拳课程的设置，可以使学生身体得到锻炼，也能使太极文化思想在高校中传播，实现优秀文化的传承。但是在实际教学中，仍存在一些问题，需通过课程教学设计改革积极解决问题，保证太极拳课程教学的整体效果。本章通过对太极拳有关概念进行概述，研究太极拳在高校中的传播和推广途径，探索普通高校太极拳课程的思政教学设计，完善高校武术课程思政价值内涵与实践路径的整体建设。

第一节　太极拳概述

一、基本概念

"太极"一词源出《周易·系辞》。"太"是大的意思，"极"是开始或顶点的意思。天地之间，无时无刻不在变化，太极拳就是要把种种变化在拳中演练出来。同时，太极拳运动也是对立统一的矛盾运动，在太极拳中存在着刚柔、虚实、动静、快慢、开合、屈伸等诸对既对立统一，又可相互转化的矛盾。[①]

太极拳注重意念修炼与呼吸调整，以五步（进、退、顾、盼、定）、八法（掤、捋、挤、按、采、挒、肘、靠）为核心动作，以拳术、器械、推手为运动形式，练习者通过对动静、快慢、虚实的把控，达到修身养性、强身健体的目的。

---

① 黎年茂，韦江华. 大学体育与健康教育［M］. 北京：北京理工大学出版社，2022.

二、基本技术

太极拳的各流派虽在动作套路、风格等方面各有所异，但它们之间仍保持着基本相同的技术要求和运动特点。在身体姿势方面，要求虚灵顶劲、含胸拔背、松腰敛臀、圆裆松胯、沉肩坠肘等；在动作运转路线方面，要求弧形圆转、连贯圆活等；在动作速度和劲力上，以柔和缓慢为主，速度均匀；在整体上，要求以意导体，以体导气，意、气、体三者协调配合；在技击上，要求刚柔相济。

（一）虚灵顶劲

虚灵顶劲即顶头悬。练拳时讲究头部的头正、顶平、项直、颔收，头顶的百会穴处要向上轻轻顶起，同时又须保持头顶的平正。要使头正、顶平，就必须使颈项竖直、下颔里收。顶劲不可过分用力。做到虚灵顶劲，精神才提得起来，动作才能沉稳、扎实。

（二）气沉丹田

气沉丹田，是身法端正，宽胸实腹，将气徐徐送到腹部脐下。太极拳在练习时，一般采用腹式呼吸。气沉丹田，才能达到太极拳"身动、心静、气敛、神舒"的境地。

（三）含胸拔背

含胸是胸廓略向内涵虚，使胸部有舒宽的感觉。这样做有利于做好腹式呼吸，能在肩锁关节放松、两肩微含、两肋微敛的姿势下，通过动作使胸腔上下径放长，横隔有下降舒展的机会。

（四）松腰敛臀

太极拳要求含胸、沉气，因此在含胸时就必须松腰。松腰不仅能够帮助沉气和下肢的稳固，更主要的是它对动作的进退旋转、用躯干带动四肢的活动及动作的完整性，起着主导作用。

（五）圆裆松胯

裆即会阴部位。头顶百会穴的"虚灵顶劲"要与会阴穴上下相应，这是保持身法端正、气贯上下的锻炼方法。裆要圆，又要实。胯撑开，两膝微向里扣，裆自圆。

（六）沉肩坠肘

太极拳在松肩的前提下要求沉肩坠肘，两臂由于肩、肘的下坠会有一种沉重的内劲感觉。除了沉肩之外，还要微向前合抱，这能使胸部完全涵虚，使脊背团成圆形。两肘除下坠之外，也要有微向里的裹劲。这样的沉肩坠肘，才能使劲力贯穿到上肢手臂。

第二节 太极拳课程推广的必要性与可行性

一、太极拳推广的必要性

（一）在大学生素质建设方面的必要性

太极拳能够提升学生的整体素质，这也是贴合如今大学教育理念的必要特点。

太极拳锻炼的长期性特点，符合高校提出的终身教育的理念。太极拳的终身学习对学生培养健康、强健的体魄有着重要作用；其修身养性的特点，也有利于学生培养和树立坚韧不拔、顽强不屈的良好民族性格和精神面貌。经研究发现，太极拳是较为全面的健身运动，它能刺激人体的神经系统，有利于大脑发育，促进血液循环，对人体的呼吸、消化及免疫系统功能的增强都有显著效果。高校学生集体锻炼太极拳除了有利于我国传统武术文化的传承和传播外，还有利于协调学生之间的人际关系，有利于构建和谐、友好的校园学习氛围。通过对太极拳的练习，学生自身的个性更加完善，自我观念更加强化；学生待人处事的思维、情感都会更加开阔、宽容。这些良好品行的培养，为学生的成长及步入社会等提供了较为正确的心理基础。太极拳可以作为一项运动项目，可以调节学生日常的学习、生活，还可以当作一种文化交流工具，在人与人之间、高校之间、国际之间进行传播。

（二）在身心健康保护方面的必要性

众所周知，现代医学健康已经不再单纯地指身体的健康，还包括人们精神、心理卫生方面的健康状况。尤其在当今政治一体化、经济全球化、文化多元化的时代背景下，人们的生活节奏大大加快，社会压力也逐渐增大，这种情况极易造成人们身心发展的不平衡，产生消极的生活态度。高校学生面临的压力也是十分显著的，包括升学、就业、家庭、师生关系以及各种情感方面的压力，这些压力看似无形，实际上给高校学生的学习、生活造成了很多困扰。太极拳的教学和练习正好能够帮助学生修身养性。在进行太极拳教学时，老师要以身作则，以良好的精神面貌引导学生走出心理困境，在要求学生肢体训练达标的基础上，更要注重学生的心理发展问题，使之能够充分、正确地领悟太极拳的真谛，心理健康发展，以乐观的态度面对生活中的挫折和难题。一些专家、学者以及太极拳研究机构曾做过相关实验，研究表明太极拳运动可以有效减轻学生的心理、生理方面的压力，缓解学生的紧张情绪。

总而言之，太极拳课程对大学生的身心健康起到一定的保护作用，能够从多方面缓解学生在学习和生活过程中遭受的种种压力，而太极拳本身也是一项不限时间和地点就能开展的运动，所以太极拳课程的推广十分必要。

（三）文化认同感培养的必要性

太极拳作为中国传统文化的重要组成部分，需要得到大学教育的重视。太极拳是一项综合性较高的民族传统体育运动，其文化底蕴深厚。在太极拳课程上，教师不仅要教会学生太极拳的技术动作，还要增强学生对太极拳的民族认同感。因此，国家在高校中开展太极拳文化推广项目，使高校学生能够积极承担发扬我国传统文化的责任，以及深刻体会民族精神的内涵，从而使学生通过在太极拳课堂的体验，形成认识并转化成行为，最终热爱中华民族的传统体育文化。

（四）体育教育完善的必要性

长久以来，我国体育教育基本以身体锻炼教育为主，文化价值的输出很少，而太极拳这一良好的文化载体，可以弥补我国体育教育的缺失。体育教育也应该传播体育文化和内核精神，才能更好地去培养身心健康的学生。太极拳课程的推广，对于体育教育这一门类来说，本质上就是又一次革新与进展。

二、太极拳推广的可行性

随着社会的不断发展，人们的生活质量不断提升，精神方面的需求在提高。太极拳运动因其独有的内涵和运动价值，使得各个年龄段的人都可以参与进来，在普通高校中的推广可行性极高。

(一) 太极拳课程遵循健身和自然运动规律

大多数人认为的健康，是身体的康健，也就是没有疾病和身体缺陷，而实际上，健康还需要心理上的健全。现代科学研究表明，太极拳运动是符合科学健身与自然运动规律的。

(二) 太极拳与高校学生的身心特点相契合

大学生正处于青春年华，身体柔韧性和协调性较好，适合学习太极拳的基本动作和技巧。同时，高校学生正处在价值观发展和最终完善的阶段，在此阶段中加强重视，提升高校学生对传统文化的认同感，能够使其具备完备的世界观和价值观。太极拳锻炼能让高校学生吸收传统文化知识，使其自身得到多层次发展。

(三) 太极拳课程对场地的要求灵活

太极拳在高校推广具有显著的优势，其中最为突出的一点便是其对场地的需求比一般运动更低。这一特点使得太极拳在高校中的推广变得尤为便捷和灵活。具体来说，太极拳的练习不受限于特定的场馆或设施，只需一块平整的空地，甚至校园内的林间小径都可以成为练习太极拳的绝佳场所。这种对场地的低要求不仅减少了高校在推广太极拳过程中的场地建设投入，也为学生们提供了更多的选择空间和机会。

(四) 太极拳课程资料易于查找

随着信息技术的快速发展，网络已经成为人们获取知识和信息的重要途径。对于太极拳课程而言，由于其深厚的文化底蕴和广泛的社会影响，网络上关于太极拳的资料、视频和教程可谓琳琅满目。高校师生只需通过搜索引擎或专业网站，便能轻松获取到太极拳的相关资料信息。这些资料不仅为高校师生提供了学习和了解太极拳的便捷途径，也为太极拳课程的开设和教学提供了有力的支持。教师可以根据这些资料制订详细的教学计划，设计丰富多样的教学内容，使太极拳课程更加系统、全面和深入。同时，学生也可以利用这些资料进行课前预习、课后复习和自主学习，提高学习效果和学习兴趣。

(五) 高校社团为太极拳课程推广提供有力支持

高校社团和学生组织作为校园内的重要力量，具有广泛的群众基础和影响力。这些社团和组织通常由一群志同道合的学生组成，他们热爱传统文化，对太极拳有着浓厚的兴趣。他们通过组织各种形式的太极拳活动，如培训班、讲座、比赛和表演等，吸引了大量学生的关注和参与。这些活动不仅为学生提供了学习和交流的平台，也让他们亲身感受到了太极拳的魅力和价值，从而激发了他们对太极拳的热爱和学习欲望。

（六）太极拳文化满足了学生对传统文化的好奇

太极拳课程之所以能够得到推广，其中一个不可忽视的因素便是学生对中国传统文化的兴趣。在当今社会，随着全球化的推进和信息技术的飞速发展，学生们接触到的文化元素日益多元化。然而，在这种文化交融的大背景下，许多学生开始意识到自身文化根基的重要性，并对中国传统文化产生了浓厚的兴趣。太极拳作为中国传统文化的瑰宝之一，成为学生们探索传统文化的重要途径。学生们对太极拳的好奇心，来自其深厚的历史文化底蕴。太极拳融合了多种文化元素，蕴含着丰富的文化内涵。学生们渴望通过学习太极拳，深入了解其背后的历史渊源、文化内涵和哲学思想，从而加深对传统文化的认识和理解。

第三节　太极拳文化在普通高校的传播与实践

一、太极拳文化在普通高校的传播现状

（一）得不到高校学生的广泛接受

对于高校学生来说，太极拳运动的受众定位和功能定位模糊。太极拳是适合各个年龄段锻炼的一项运动，但在实际生活中太极拳的习练人群仍以中老年人为主。大多数高校学生为太极拳贴上了"老年运动"的标签，这虽然是一种刻板印象，但在体育课程的选择上，会影响学生的判断，降低学生对这项运动的热情。

太极拳运动的功能定位模糊。太极拳运动主打的"强身健体"是一个比较宽泛的概念，功能性不够突出，难以激发目标受众学习的积极性。大多数大学生形容太极拳时也多用"修身养性""佛系""以柔克刚"等，这说明受众一方面忽视了太极拳"武"的技击特性，另一方面对于太极拳的实际功效知

之甚少。①

（二）太极文化难以普及

受众对太极拳蕴含的深刻文化内涵不甚了解，在一定程度上影响了太极拳文化在高校学生中的传承与推广。

太极拳拳术和太极拳理论是相辅相成的，然而大多数受众仅停留在对拳术动作的模仿阶段，对太极拳的内涵认知较为初级，没有深切体会到中国传统武术拳法的魅力。

（三）太极拳课程设计欠缺

太极拳的练习复杂多样，学习的时间成本较高，难度较大。对于太极拳运动来说，其讲究的是循序渐进，太极拳课程本也应秉持这一原则。除此之外，除了固定课堂的教学，课外训练作为课堂训练的补充，对学生来说也是必不可少的。只有这些方面做得较为完善，才能够强化学生的专业能力、弥补课堂的知识遗漏，达到太极拳的教学效果，使太极拳的内在文化得到传播。然而，在当前许多高校的太极拳教学工作中，这方面的衔接却是相对缺失的。目前，高校学生在太极的学习上往往会出现这种状况：学生在课堂上对于太极拳知识一知半解，而高校开设的课程却十分有限，并且没有设置相关的课外研讨活动与拓展训练，久而久之这一局面成了影响太极拳教学工作的极大阻碍。②

二、太极拳文化在普通高校的实践

（一）优化太极拳课程设计

学习太极拳，第一步应该引导学生打好基本功。从长远的太极拳教学来看，只有从基本功开始学起，一招一式稳步推进，才能使学生真正感受到太极拳的魅力所在，才能真正发挥太极拳修养身心的作用。

太极拳课程教学必须遵循实用性原则，只有这样才能让太极拳教学摆脱"花架子"的假象。具体来说，教师必须从学生的实际情况出发，在尊重学生个体差异性的基础上设置课程教学内容，并运用多种教学方式激发学生学习太

---

① 齐莲. 非物质文化遗产在 Z 世代中的数字化传承策略与设计研究 [D]. 上海市：东华大学，2023.

② 赵统，朱平生. 文化传承视角下我国普通高校太极拳教学的困境与路径 [J]. 文体用品与科技，2019，16（19）：114-116.

极拳的兴趣。教师在教学过程中，要将太极拳以及太极拳知识与学生的生活、学习紧密地联系在一起，这样可以让学生觉得太极拳并不是虚无的，而是与我们的生活有着密切的关系，从而培养学生对太极拳的兴趣与情感。太极拳的学习不是一朝一夕的事情，我们要使学生树立终身学习太极拳的思想，让太极拳作为一项体育项目留在学生的生活中，促进学生身心健康的发展。

（二）提高对太极拳的重视程度

高校应该不断完善相应的教学设施，建立完善的教学场地和室内活动室。同时，高校也应该做好太极拳的宣传工作，保障太极拳在学生中的顺利推行，将体育精神融入体育教学，形成完整的教学体系。同时，加强教师的继续再教育，教师要从知识技能和教学手段、理念更新等方面提高自身的综合素质，以符合当前太极拳教育的要求。

（三）坚定文化自信

没有高度的文化自信，就没有文化的繁荣兴盛。太极拳是中华文化的瑰宝之一，我们要知道太极拳的价值，了解太极拳文化。太极拳是我国传统文化的重要组成部分，同时也是传统文化的代表之一，太极拳中蕴含的以人为本的文化理念充分诠释了在社会发展进程中人所体现的价值。太极拳中还注重德行双修，加强人与人之间的沟通交流，进而增进彼此间的了解，在此基础上构建和谐的人际关系。同时，太极拳文化中所体现出来的价值理念有利于我们追求美好生活，培养身心健康。高校太极拳课程的设计一定要秉持文化自信的理念，将优秀的传统文化传播下去，并且在传播中不断开拓进取和创新。

（四）依托互联网宣传太极拳文化

如今，越来越多的高校开始重视学生的体育锻炼，并且开展了许多深受学生欢迎的体育项目，如各大高校都有像"乐跑"这样的体育锻炼项目，学生在打卡的过程中，养成锻炼身体的习惯。太极拳的教学也可以借鉴这一成功经验，如高校可以依托微信公众号、小程序、App，以娱乐有趣的方式推出一些与太极拳文化相关的文章和人物传记等，让学生在阅读和体验中学习太极拳文化。同时，高校也可以举行一些有关太极拳文化的知识竞赛、太极拳文化主题活动和太极拳比赛，让学生在活动中亲身了解太极拳文化，感悟太极拳的深刻内涵。

（五）开设相关选修课

我国现今的教学模式仍以课堂为主，可以在太极拳教学中引入传统文化的教学。同时，教学也可以不拘泥于课堂这一种形式，依据体育学科这一特殊的学科特性，以课堂教学和实践训练相结合，这样既能传播理念，又显得不那么枯燥，这也是我国课程改革正在探索的多元化模式。多元化教学模式有利于教师充分发挥专业特色，调动学生的积极性，以此达到教学目标。

第四节　普通高校太极拳课程教学现状与改革措施

一、课程教学现状

随着大学生对太极拳的认可，普通高校逐渐将其引入课程教学中，太极拳已受到在校师生的青睐，但是，学生在学习过程中也存在很多问题，实践起来还是有一定难度的。

（一）教师的教学水平现状

太极拳需要一套系统的教学方案，针对学生情况给予施教，但当下太极拳的教育形式缺乏科学性、全面性，师资力量薄弱，专业正规的教师较少，影响了太极拳教学的发展。高校太极拳教师需要制定明确的授课目标，帮助学生更好地了解这一武术形式，承担起传承文化的使命。如今的太极拳教学，主要存在以下两大问题。第一，普通高校太极拳教学过程中，教师只为完成教学任务而忽略了教学水平。当今高校普遍存在的一个现象，就是套路式教学，教师将太极拳基本动作展示一遍，让学生去练习动作。学生没有体会太极拳的文化内涵和动作规范，只通过观看示范进行练习，掌握不到太极拳的真正要领。久而久之，学生对太极拳文化内涵的追求会淡化，弱化了学生对太极拳的学习热情。第二，普通高校太极拳教学过程中，教师对动作教学不够详细。由于课时限制，教师将一些基本的动作进行教授之后，不再重视其他动作的教学，也不再重视整套动作的讲解。学生无法更详细地学习整套动作，导致学习效率降低，没有实现太极拳真正的教育目的。

（二）学生的学习现状

对于大多数高校学生而言，对太极拳的了解并不全面，缺乏对太极拳的了解，认为这一项目更适合老年人。这种认知是片面的。太极拳对于身体素质要求较高，对动作的连贯性和理解能力有一定要求，需要不断提高技术能力，长期练习。

（三）教学评价体系现状

教学评价作为太极拳教学的重要组成部分，能够有效地反映教学信息和学习情况。通过对教学评价结果的分析，教师可以找出学生的问题和不足，以便为学生提供有针对性的教学指导，从而促进学生综合素质的提升。但是，目前多数高校都缺乏系统的太极拳教学评价体系，要么评价内容单一，要么评价方式陈旧。此外，许多教师只是一味地注重测评结果，忽视了学生的学习过程，这不仅降低了教学评价的有效性和全面性，而且阻碍了学生的全面发展。[①]

二、课程改革措施

为了提高高校大学生身体素质，达到传承太极拳的目的，我国高校不断创新太极拳教育模式，向大学生传授太极拳理论文化内涵，帮助其理解、规范动作，以学生为主体，不断探讨更适应学生学习的教学方式，提高教学水平。

（一）增强太极拳教师的技能

教师技能关系到太极拳教育事业的整体进程，高校应重视教师综合能力及专业性，并进行实时有效的技能培训，使得教师能够深刻认识太极拳理论及动作。只有教师充分了解太极拳，才能在课程中帮助学生掌握准确的动作，进行有效练习，进而规范太极拳运动，提高学生身体素质。为了提高学生的学习兴趣，高校应不断提高教师专业技能，强化师资力量，使学生能够获得高质量的学习成果。普通高校应提供优秀的教师培训，不断强化教师太极拳的专业素质，以便在课堂上进行更生动地讲解，提高学生的学习兴趣。

（二）多元化教学，提高学生对太极拳的学习兴趣

在高校太极拳传统教学过程中，根据视频传媒的特点，首先使学生对太极拳的招式套路形成完整的印象。其次，让教师结合视频中的动作要领和实战教学中所学的动作，对太极拳各动作要领进行解释和示范，一方面提高了学生对

---

① 苏新旺. 对普通高校太极拳教学改革的探索 [J]. 福建茶叶，2020，42（4）：298-299.

太极拳的兴趣，另一方面端正了学生的价值观、道德观、人生观。①

（三）促进太极拳实战教学的充分发展

为了使高校学生更科学、完整地学习太极拳，需要将太极拳的教学落实到详细的教学实践中。高校应该在结合理论教育的同时，重视太极拳招式分解与演练的教育形式，提高学生对中国武术文化的理解。为了使得学生充分领会太极拳精髓，相关的实战教育也是必不可少的，在提高学生学习兴趣的同时，促进太极拳文化内涵的推广，达到体育教育的真正目的。为了增加教学内容、缩短教学时间，在太极拳教学过程中可以采用慢拳快教的方法，提高教学质量。②

（四）协调太极拳传承与现代教育的关系

协调好太极拳在高校中的传承与发展和现代教育之间的关系，对于弘扬传统文化、提升我国传统体育在学校教学中的地位具有重要意义。太极拳是国家级非物质文化遗产，我们要做的就是保护和传承，这恰好与学校独有的教学特征和职能相契合。而在高校课程设计过程中，我们也要用辩证的眼光看问题，不仅要大力传承太极拳文化中的优秀文化精髓，也要舍弃一些不符合时代精神的消极思想与文化。③

第五节　普通高校太极拳课程思政教学设计探究

一、思政元素的挖掘

（一）太极拳文化的技术层面

在高校太极拳课程中，技与术既是教学的重点与难点，又是影响其最终评

---

① 林兢. 探索"太极拳"课程教学融入思政教育的优势和教学设计 [J]. 科教导刊, 2021（27）：160-162.

② 高里程. 普通高校简化太极拳教学的现状与对策 [J]. 产业与科技论坛, 2019, 18（6）：173-174.

③ 田茂杰, 刘永强, 胡建平. 太极拳文化在高校中的传承与发展研究 [J]. 冰雪体育创新研究, 2022（9）：70-72.

价与考核的核心要素。因此，从太极拳课程的技与术中探寻与梳理育人元素，便成为高校太极拳课程思政挖掘与建设的重点。

（二）太极拳文化的制度层面

在太极拳文化体系中，武德和礼仪是其文化本身重要的组成部分，更是中国传统思想的具体体现。从高校太极拳课程的视角来看，其制度层面中所蕴含的德育元素和思政资源极为丰富，且极具特色，对其课程思政的挖掘与建设而言，有着十分突出的价值与优势。

（三）太极拳文化的精神层面

对于太极拳文化而言，其精神层面包含渗透在太极拳文化中的内在价值、思维观念、意识形态和哲学情感，它反映和规定了太极拳文化的根本属性和基本特征，支配和影响着太极拳技艺的演变、发展与传承，所以抓住太极拳文化的精神层面就抓住了学习太极拳的关键。

从以上分析中可以看出，太极拳文化中蕴含着丰富多元的思政元素，从中可以挖掘出变、圆、善、美等精神特质，这对引导学生理解中华传统文化的价值所在，提高学生的精神境界、审美能力和人文素养及增强文化自信等方面有着积极的作用。①

二、课程目标的设立

太极拳课程目标的设立一般从三个维度来考虑，分别为知识与技能目标，过程与方法目标，情感、态度与价值观目标。知识与技能目标主要是指学生具体学习内容方向的目标，其是教学目标与课堂教学的核心；过程与方法目标主要是指教学的具体过程以及在这个过程中所用到的具体教学方法与手段，其是课堂教学的操作系统；情感、态度与价值观目标主要是指在教学过程中努力关注每位学生的情感体验与情绪活动，以培养学生正确的三观与积极的人生态度，这是教学目标与课堂教学的动力系统。这三个目标虽有各自的内涵与特征，但它们又是密切相关、相辅相成的。

在太极拳课程思政教学过程中，知识与技能目标主要是指在太极拳招式动作学习的基础上融入一些思政元素，例如，在太极拳的教学中，要求学生基本掌握抱拳礼的动作内涵与文化内涵。

---

① 张道鑫，沙艳文. 高校太极拳课程思政元素的挖掘与融入研究 [J]. 运动精品，2023，42（5）：11-15.

过程与方法目标在教育教学过程中可以从两个方面来完成，当从教师起主导作用的角度出发时，要求教师根据学生的身心发展特征与规律以及具体教学内容、场地、器材、天气等来精心设计教学的步骤、方法，并在这些教学步骤与方法中合理融入思政元素，从学生为学习主体的角度出发时，需要教师在教学过程中提高学生的积极性，引导学生主动参与，培养学生的创造性以及团队协作的能力。例如，为了让学生更好地理解太极拳招式的攻防含义，可以在学生学习基本动作后，组织学生分组并自主探讨其中的攻防内涵，然后再分组展示与解说，最后由教师进行评价与详细讲解。

情感、态度与价值观目标是学生在学习的过程中得到的认识和发展，该目标的主要内容是培养学生健康的审美情趣和高尚的道德情操，使学生形成正确的三观和健全的人格。结合太极拳的教学过程，当教师在招式动作中合理地融入相关思政元素时，学生们便不再是单纯地练习招式动作，而是在表象化动作理解的基础上增强学生对太极拳深层文化内涵的理解，从而达到平心静气、身心合一的习练状态，若能再持之以恒地练习，便可使学生有所感悟，在不知不觉中规范自身的不良行为，养成一种淡定自然、沉而不浮、神气内敛的心性，在日常生活中能做到尊师重道、谦虚礼让，遇事宠辱不惊、不卑不亢、豁达乐观，不断提高自身的人格修养。

三、教学对象的分析

大学生作为社会主义现代化建设的接班人，是祖国未来建设的主力军。如今的大学生容易受到世界多元文化的灌输，如果其自身缺乏坚定的信念，那么一些不良的信息就会入侵大学生的思想，进而对我国的长久发展和社会的稳定产生不良影响。并且，当代大学生健康、稳定的价值观念很难自发形成，必须经过系统地培育才能实现。因此，在普通高校太极拳课程思政的教学设计中，必须考虑到教学对象的身心发展特征、自身的专业特性以及未来的职业规划方向，从而为接下来教学目标的设立、教学手段与方法的选择、教学评价体系的建立打好基础。

四、手段与方法的探索

太极拳作为武术的具体练习项目，近些年来凭借其深厚的传统文化内涵以及健身功能风靡全世界，被越来越多的人认可和接受，使太极拳课程思政的时代价值得到重视。在太极拳课程思政目标的引领下，对太极拳课程的内容、方法以及组织形式进行选择与整体规划，可以保证高质量地实现预定的教学目标。

如何将太极拳与课程思政有机地结合起来，不仅考验着教师的专业素养与文化内涵，更对教学内容的实施方法以及教学手段的选择与运用提出了更高要求。

教师在课程思政中所发挥的作用是毋庸置疑的，教师的教学手段与方法直接影响着太极拳课程思政的质量。但是，目前太极拳课程思政并没有达到预想效果，不完善的教学手段无法体现太极拳的思政元素，太极拳技术与思政融入与渗透的效果不够明显，教学方法单一，导致思政元素生搬硬套。同时，太极拳课程内容浮于表面，只注重课堂任务的完成而忽视教学质量与学生的吸收能力，这种重视教学效率而忽视教学效果的教学方式，最终只会造成太极拳课程思政的设定目标与教学效果存在差距。

对于教学手段与教学方法的选择，教师应紧紧围绕以学生为中心的教学理念，充分调动学生的积极性，运用多样的教学手段与方法。首先，为了促进学生投入太极拳的学习活动，消除学生浮躁心理，集中学生注意力，可以在教学时运用古典音乐作为伴奏，优化教学的情境氛围，让学生在沉静的氛围中体会太极拳一招一式的特点，让学生理解其中的文化韵味。其次，在教学过程中应当发挥教师的表演示范作用，教师应当在课上增加示范与互动演练环节，同时，在技术练习中融入爱国主义教育内容，让学生体会什么是中华武德。再次，组织开展技击实战练习，从基本理论、套路、功法方面对太极拳进行演练。最后，教师还要发挥微课与慕课教学资源的重要作用，组织开展小组练习活动，鼓励学生对太极文化进行深入探究，在教学实践中培养学生质疑拓展、实事求是的精神，促进学生创新能力的提高。①

五、教学评价的反馈设计

评价体系的建立，使太极拳课程思政教学有了严格的量化指标，有利于教学设计的实施与完成。教学评价主要包括两个方面：一是对太极拳课程思政教学设计文本的系统性评价；二是对太极拳课程思政教学设计实施过程中存在的问题进行反馈与评价。教学评价与反馈有利于针对教学实施过程中出现的问题进行及时调整，从而保证教学内容能够沿着教学设计目标有效执行。其中，评价标准的制定是整个评价过程中的核心，是衡量教学实施好坏的重要参考。在目前的太极拳课程思政过程中，评价体系还有诸多缺陷。建立什么样的评价体系以及如何建立是一大难题，没有统一的标准导致教师无法对学生进行客观评价：一方面，课程思政无法通过简单的考试进行衡量，它所涵盖的方面不仅包

---

① 杨洪. 课程思政理念下的高校太极拳课程设计与实践研究 [J]. 海外文摘·学术版, 2021 (1)：69-70.

括知识与技能，更重要的是精神情感以及思政素质，而精神情感与思政素质是很难被量化的东西，这就导致教师在教学考核中只注重对知识技能进行评价，忽略了对学生思政素质以及精神情感的评价，这种评价方式不符合课程思政理念；另一方面，学生作为课程思政的主要接收者，最能反映课程的实施效果，而目前的课堂教学，很少从学生的角度进行评价，学生对教学内容的态度可以从侧面体现出教师对课程思政的传授能力，若只针对一方进行评价，则太极拳课程思政无法实现有效的改进与完善。目前的评价体系缺乏全面性以及科学性，缺少对思政素质内容评价的标准。

以太极拳课程思政目标为价值引领，充分发挥太极拳课程思政的育人作用，建立完善科学的评价内容与评价体系，要从学生的知识技能掌握方面进行评价，将学生的价值观念、道德情感、文化素养等内容也纳入评价体系中，多方面、多维度地进行评价，充分体现出评价体系的多元化。教师应时刻观察学生的课堂表现与行为，体现出重结果，更重过程的教学理念，将评价日常化、口头化，对学生的行为举止以及态度做出及时反馈，有效改进教学中出现的问题。科学评价体系的建立可以实现教师与学生之间的有效沟通，师生互评，有利于教师及时了解学生的具体情况以及针对学生反馈的问题做出有效改进。

课程思政理念为高校体育教学提出了新思路与新要求。在高校太极拳教学中贯彻课程思政的理念，不仅有助于促进学生深入学习太极拳技巧，而且可以优化学生的思想价值观念，达到全过程、全方位育人的效果。高校太极拳教师应当发挥课程思政的协同育人作用，创新太极拳教学活动的方式方法，合理优化太极拳教学的过程，更好地发挥课程思政的育人作用。

参考文献

[1] 丁花阳. 新时代中华传统武术文化的传承与发展 [M]. 长春：吉林人民出版社，2020.

[2] 付超，庞晓东，梁晓倩. 课程思政教育理念引领下的高校体育教学改革与实践探索研究 [M]. 西安：陕西师范大学出版社，2022.

[3] 高德胜，聂雨晴. 论马克思主义学院在课程思政改革中的实践价值 [J]. 思想政治教育研究，2020，36（1）：77-82.

[4] 高子珺. 高校武术课程教学新思路的探索研究 [J]. 当代体育科技，2020，10（11）：203-204.

[5] 耿宝军，马学智. 高校武术课程思政教育策略探析 [J]. 教育理论与实践，2021，41（33）：57-60.

[6] 郭玉成，丁丽萍. 武术与民族传统体育专业课程思政教学指南 [M]. 北京：人民体育出版社，2021.

[7] 焦稳龙. 高校武术公共课程考核模式改革 [J]. 新体育·运动与科技，2022（9）：51-54.

[8] 罗敏. 高校武术课程涵融中华优秀传统文化刍论 [J]. 湖南省社会主义学院学报，2021，22（2）：73-75.

[9] 时杰，叶灼怡. 高校武术课程思政元素挖掘与价值指向 [J]. 武术研究，2022，7（7）：86-89.

[10] 宋伟，王丽娜. 高校武术课程建设研究 [J]. 当代体育科技，2023，13（13）：145-148.

[11] 王浩. 课程思政与高校武术课程的融合研究 [J]. 武术研究，2023，8（11）：53-54.

[12] 王燕. 课程思政与高校武术课程融合的路径研究 [J]. 体育科学研究，2023，27（4）：88-92.

[13] 闻武. 浅析普通高校武术课程教育的核心理念 [J]. 当代体育科技，2021，11（22）：122-125.

［14］徐潇，阎彬. 高校武术课程思政的育人内涵与实践路径研究［J］. 少林与太极，2023（10）：71-75.

［15］颜玉凤. 基于体育核心素养的高校武术课程建设路径研究［J］. 辽宁体育科技，2022，44（5）：120-123.

［16］杨国庆. 大学体育课程思政［M］. 南京：南京大学出版社，2022.

［17］杨建营，冯香红，徐亚奎，等. 体育教育专业武术课程思政元素及教学案例解析［J］. 西安体育学院学报，2022，39（1）：122-128.

［18］杨树叶，刘立清，孙久祎. 高校武术课程德育教育的探索与实施［J］. 武术研究，2021，6（7）：72-73+76.

［19］赵长海. 刍议普通高校武术课程建设中的问题及对策［J］. 当代体育科技，2022，12（9）：121-124.

［20］周康莉，武冬，王彩霞. 课程思政视角下高校武术课程建设探索［J］. 武术研究，2021，6（7）：90-92.

［21］朱晓菱，冯慧春，李婷. 高校体育课程思政设计与探索［M］. 上海：上海大学出版社，2023.